A

Das Kneipen-QUIZ BUCH

Atlantik

Atlantik ist ein Imprint des
Hoffmann und Campe Verlags, Hamburg

2. Auflage 2021

www.hoffmann-und-campe.de
Satz: Pinkuin Satz und Datentechnik, Berlin
Gesetzt aus der DIN OT
Umschlaggestaltung: b3K-Design, Andrea Schneider
Druck und Bindung: CPI books GmbH, Leck
Printed in Germany
ISBN 978-3-455-37804-7

HOFFMANN
UND CAMPE

Ein Unternehmen der
GANSKE VERLAGSGRUPPE

Inhaltsverzeichnis

Einen wunderschönen guten Abend, liebe Quizfreunde ... 9

SPIELTEIL: DAS QUIZ

Haute Quizine 19
Ein Quizchen Spaß muss sein 27
Diagnose Kreuzbandquiz 33
Quizzly-Bär 44
Butch Cassidy and the Sundance Quiz 50
Quiz is not America 56
Der Graf von Monte Quizto 66
Die Welt der Quizzenschaft 73
Ferris macht Quiz 79
Strictly Quizness 88
Katzen würden Quizkas kaufen 94
Here's the Sex Quiztols 100
Quiztopher Street Day 110
Quiztory Channel 117
Kalle Blomquiz 124
Quiz dass der Tod euch scheidet 134

Jesus Quizt Superstar 142
Quiz de Burgh 150
Endstation Quiztanbul 160
Quiztiano Ronaldo 167
Quiz, we can! 173
Sex and the Quizzy 184
Quizky Sour 190
Quiztan und Isolde 196
Quiz Germany 206
How much is the Quiz? 212
Quiz Illu 219
Quiz Taylor 228
Quiztal Meth 235
Nightmare before Quizmas 241

TYPOLOGIE DER SPIELER

Spielertyp I: Die Verbissenen 41
Spielertyp II: Die Glücksritter 63
Spielertyp III: Die Weisen aus dem Anekdotenland 85
Spielertyp IV: Die Quiz-Nerds 107
Spielertyp V: Die Zweifler 131
Spielertyp VI: Die Gebildeten 157
Spielertyp VII: Die Spezialisten 181
Spielertyp VIII: Die Gossip Girls 203
Spielertyp IX: Die Teamplayer 225

LÖSUNGEN

Haute Quizine 251
Ein Quizchen Spaß muss sein 255

Diagnose Kreuzbandquiz 258
Quizzly-Bär 262
Butch Cassidy and the Sundance Quiz 265
Quiz is not America 268
Der Graf von Monte Quizto 271
Die Welt der Quizzenschaft 274
Ferris macht Quiz 277
Strictly Quizness 280
Katzen würden Quizkas kaufen 284
Here's the Sex Quiztols 287
Quiztopher Street Day 290
Quiztory Channel 293
Kalle Blomquiz 296
Quiz dass der Tod euch scheidet 300
Jesus Quizt Superstar 304
Quiz de Burgh 307
Endstation Quiztanbul 310
Quiztiano Ronaldo 313
Quiz, we can! 316
Sex and the Quizzy 320
Quizky Sour 323
Quiztan und Isolde 326
Quiz Germany 329
How much is the Quiz? 332
Quiz Illu 336
Quiz Taylor 340
Quiztal Meth 343
Nightmare before Quizmas 346

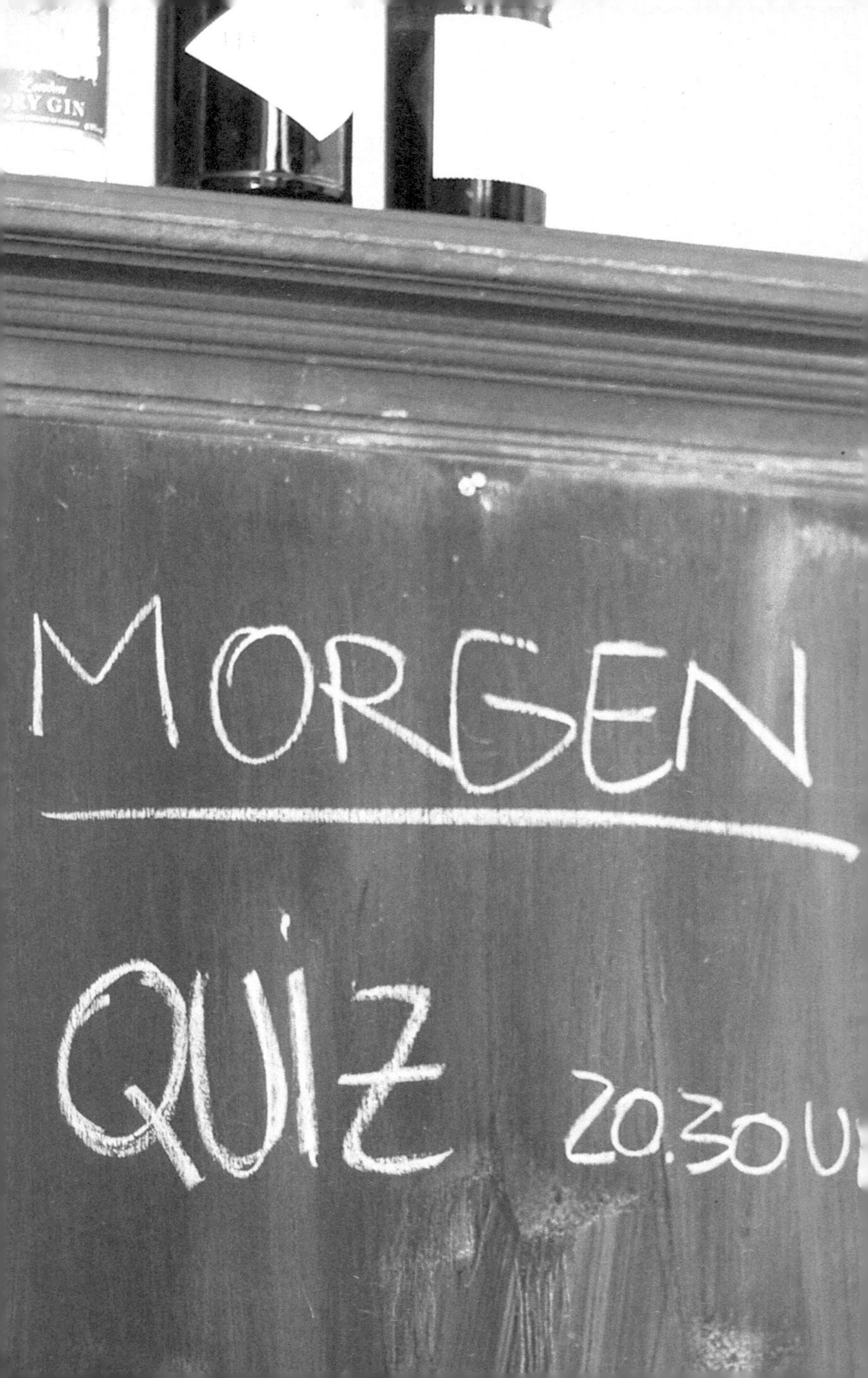
DRY GIN
MORGEN
QUIZ
20.30

Einen wunderschönen guten Abend, liebe Quizfreunde ...

... und herzlich willkommen zum *Kneipenquiz-Buch*! Wir freuen uns, dass Sie mit dabei sind und sich durch die 750 Quizfragen dieses Buches rätseln, grübeln, denken und kopfzerbrechen wollen. Wenn Sie Lust am Quizzen haben, sind Sie auf den kommenden 350 Seiten gut aufgehoben. Ob Sie dabei am Ende vor Freude über Ihre fantastische Allgemeinbildung jubeln, tanzen oder gleich eine Ehrenrunde um den Häuserblock machen werden oder ob Sie vor Scham um Ihre Unbildung gar nicht mehr das Haus verlassen wollen, wir werden es sehen. Da wir Ihnen jede Menge Ratespaß mit diesem Buch versprechen können, sei Ihnen vorweg schon mal eines gesagt: Mit dem Kauf des Buches haben Sie alles richtig gemacht! Und das ist, bevor auch nur eine einzige Quizfrage gestellt wurde, hieb- und stichfest.

Das *Kneipenquiz-Buch* versammelt die besten, kuriosesten und herausforderndsten Fragen aus den ersten drei Jahren des »Internationalen Aalhaus-Kneipenquiz« in Hamburg. Bereits seit 2011 treffen sich im »Aalhaus« in Hamburg-Altona an jedem zweiten Donnerstag im Monat Freunde des Quizsports, um sich miteinander in Kategorien wie »Haute Quizine«, »Quiz de

Burgh« oder auch »Kalle Blomquiz« zu messen. Das Konzept ist kein anderes als bei jedem anderen Quiz: Es werden Fragen gestellt, und diese müssen beantwortet werden. Allerdings spielt man ein Kneipenquiz nicht für sich allein, sondern im Team gegen andere Teams. Statt eines Glases Wasser für die Stimme gibt es – wo wir schon mal in einer Kneipe sind – natürlich auch eher Alkohol für die richtigen Gedankenblitze und Assoziationsräusche. Und last but not least werden die Sieger eines Kneipenquiz am Ende natürlich (nur) mit einer Flasche Schnaps für ihre Wissensdarbietungen belohnt und nicht mit Neuwagen, Mittelmeerkreuzfahrten oder Millionenbeträgen.

Die Fragen, die wir hier für Sie zusammengestellt haben, kommen aus unterschiedlichsten Themengebieten. Zwar haben wir sie ein wenig nach Oberbegriffen sortiert, wie Sie feststellen werden, was aber noch lange nicht heißt, dass dann auch wirklich das drankommt, was Ihnen vermeintlich versprochen wurde. So können Sie beispielsweise in einer Russland-Kategorie neben Fragen zu Land, Leuten und Kultur auch dazu befragt werden, was man eigentlich in Bayern erhält, wenn man einen »Russ'n« bestellt. Ein präzises Halb- bis Allgemeinwissen verbunden mit gemeinschaftlicher Kombinationsgabe sowie eine gesunde Leidenschaft für den Wikipedia-Artikel des Tages werden sich deshalb früher (oder manchmal auch erst später) als hilfreicher herausstellen als allein ein Spezial- oder Inselwissen.

Nun aber genug geredet. Noch ein kurzer Blick darauf, wie Sie am meisten Freude an diesem Buch haben werden, und dann kann es auch schon losgehen!

Was benötigen Sie, um das Kneipenquiz(-Buch) zu spielen?

Sie benötigen Mitspieler!

Natürlich können Sie dieses Buch ohne Weiteres alleine für sich durchblättern, und mit Sicherheit werden Sie auch einige Fragen selbst beantworten können. Wir dürfen aber schon einmal vorausschicken, dass es auf die lange Distanz doch schwierig werden dürfte, sich im Alleingang durch die kommenden 750 Fragen zu arbeiten. Ein Kneipenquiz ist nämlich in erster Linie für Teams konzipiert, und die Fragen sind deshalb bewusst so gestellt, dass man sie in der Gruppe am besten lösen kann. Mal abgesehen davon, dass es so natürlich auch umso mehr Spaß bereitet. Mal gibt es in der Gruppe vielleicht jemanden, der die Antwort sofort kennt. Mal gibt es vielleicht gleich mehrere verschiedene Antworten, und mal wird vielleicht auch niemand im Team die Antworten kennen, und man wird versuchen, diese irgendwie herzuleiten, oder sie am Ende schlicht raten. Sie sehen schon: Sie sollten sich ein paar Freunde, Verwandte, Bekannte oder auch Unbekannte einladen oder das Büchlein einfach gleich zum nächsten Familienfest, zum Kegelausflug oder zur Silvesterparty mitnehmen.

Zum gemeinsamen Spielen empfehlen sich in jedem Fall mehrere Teams von Drei- bis Fünf-Mann-Stärke, die im besten Fall nach Alter, Geschlecht und Interessen bunt zusammengestellt sind. Zur richtigen Zusammensetzung der Teams empfehlen wir zudem einen Blick in die »Typologie der Spieler«, die diesem Buch exklusiv beigefügt wurde. Dort gewinnen Sie einen schnellen Überblick darüber, wer mit wem am besten und wer mit wem lieber nicht zusammenspielen sollte. So lassen sich vielleicht schon vorab unschöne teaminterne Zwischenfälle wie Freundschaftsentsagungen, Handgreiflichkeiten und Enterbungen verhindern. So richtig planen lässt sich der Quizerfolg aber ohnehin nie. Am Ende braucht es die richtige Mischung aus Kompetenz, Spielwitz und natürlich auch Glück!

Sie benötigen einen Moderator!

»Einen Moderator?«, werden Sie sich jetzt vielleicht fragen oder vielleicht auch: »Wo soll ich den denn herbekommen?« Machen Sie sich keine Sorgen! TV- oder Hörfunk-Erfahrungen sind nicht vonnöten. Aber es sollte sich zumindest jemand finden, der deutlich die Fragen stellen, bei Bedarf auch einmal einen Tipp geben, charmant durch das Quiz führen und selbstverständlich – neben der Auflösung mit den richtigen Antworten – auch die falschesten und lustigsten Antworten der Teams vortragen kann (eine kleine Auswahl der besten falschen Antworten aus dem Aalhaus-Kneipenquiz finden Sie übrigens auch im Buch). Außerdem hilft es natürlich ungemein, wenn der Moderator auch ein wenig zählen und rechnen kann (bis 100 reicht vollkommen), um nach jeder Runde die Punkte zu addieren und den neuen Zwischenstand zu errechnen. Also, liebe Moderatoren, gebt Euch beim Vortragen und beim Rechnen ein wenig Mühe und unterhaltet Euer Publikum! Sollte sich niemand als Moderator finden oder in kleiner Runde jeder mitquizzen wollen, kann man die Moderationsaufgabe natürlich auch zwischen den Gruppen tauschen und mit wechselndem Moderator spielen. In den Auflösungsteil darf dann selbstverständlich erst am Ende einer jeden Runde geschaut werden. Die Teams sollten ihre Antworten dann auch gerne gegenseitig kontrollieren!

Sie benötigen Papier und Stifte!

Alle Teams, die mitspielen, müssen ihre Antworten auf Papierbögen schreiben. Es empfiehlt sich ein Blatt Papier pro Kategorie, und es empfiehlt sich umso dringlicher, in jedem Team zumindest eine oder einen dabeizuhaben, der zu Schulzeiten zumindest eine Zwei minus für seine Handschrift bekommen hat. Egal, wie: Schreiben Sie einfach so leserlich wie möglich!

Ein paar Preise wären auch nicht schlecht!

Egal, ob Sie daheim im Freundeskreis oder gleich auf großer Bühne der Familienfeiern spielen – die teilnehmenden Teams freuen sich bestimmt über ein paar nette Preise, die es zu gewinnen gibt. Um echtes Kneipenfeeling zu erreichen, besorgen Sie vor Spielbeginn am besten einfach im Spirituosenladen Ihres Vertrauens einige Flaschen Schnaps unterschiedlichster Qualitätsstufen. Ansonsten bietet sich natürlich auch an, aus den hintersten Schrankecken, vom Dachboden oder aus der Waschküche einmal all das hervorzukramen, was Sie ohnehin schon immer mal loswerden wollten.

Was Sie alles nicht brauchen!
Auch das sollte vorab geklärt sein: Was meinen Sie, sind Smartphones, Taschenrechner, Lexika und sonstige Hilfsmittel beim Kneipenquizzen erlaubt? Sehr gut – darüber müssen wir also nicht weiter reden!

Wie läuft ein Kneipenquiz ab, und welche Regeln gibt's?

Quiz aussuchen!
Auf den folgenden Seiten finden Sie 30 Quizze, die jeweils fünf Kategorien à fünf Fragen beinhalten. Entweder spielen Sie eines dieser Quizze durch, oder Sie wählen sich aus allen 150 Kategorien einfach die aus, die Ihnen vom Titel oder von den Fragen her am meisten zusagen. Es empfiehlt sich eine Runde von fünf Kategorien, also 25 Fragen. Wenn Sie in den kommenden Tagen nichts vorhaben, dürfen Sie natürlich auch gerne das ganze Buch in einem Rutsch durchspielen.

Teamnamen zur besseren Unterscheidung!
Wenn alle Teams bereit sind, sollten diese sich zunächst einmal einen Teamnamen überlegen und diesen auf jedem Quiz-Zettel notieren. Das macht die Zuordnung und das Verteilen von Punkten leichter.

Fragen stellen und Fragen notieren!
Der Moderator trägt zu Beginn einer jeden Kategorie alle fünf Fragen langsam nacheinander vor, und jedes Team schreibt diese zunächst einmal nur auf seinen Papierbogen. Bei längeren Fragen reichen sicherlich auch Stichpunkte!

Fragen beantworten!
Wenn alle Fragen gestellt sind, dreht der Moderator – wenn zur Hand – ein bisschen Musik auf und gibt den Teams dann genügend Zeit, etwa fünf Minuten mit Fingerspitzengefühl für Verlängerung oder Verkürzung, um alle fünf Fragen zu lösen. Hierbei empfiehlt es sich natürlich, innerhalb des Teams viel, aber nicht zu laut zu denken. Die Konkurrenz hört möglicherweise mit!

Antworten auswerten!
Im Anschluss an die fünf Minuten sammelt der Moderator die Antwortzettel aller Teams ein, löst mit den richtigen Antworten (siehe Antwortteil) auf und wertet die Punkte aus. Für jede richtige Antwort gibt es einen Punkt und für Fragen mit mehreren gesuchten Antworten je einen halben Punkt pro richtiger Teilantwort. Ein kurzer Zwischenstand nach jeder oder jeder zweiten Runde sorgt für die nötige Spannung.

Am Ende die große Siegerehrung samt Freudentränen, Konfettiregen und Feuerwerk nicht vergessen, und eine kleine Leistungsshow des Hirns im Kreise der Liebsten wird zum unvergesslichen Quizerlebnis mit großem Spaßfaktor!

Ich wünsche Ihnen viel Spaß und Erfolg und vor allem jede Menge gute und insbesondere richtige Einfälle!

Wanda Eule

Spielteil

DAS QUIZ

HAUTE QUIZINE

Los geht's, und sogleich heißt es schon: Schluss mit dem Kneipeninventar! Bye-bye Bier und Erdnüsse! Freunde der gehobenen Gastronomie kommen nun voll auf ihre Kosten. Zeit für ein 5-Gänge-Quiz aus garantiert nachhaltigem Anbau. Wenn Sie hungrig nach kulinarischen Herausforderungen und gar unersättlich in Ihrem Wissensdurst sind, dann nehmen Sie doch jetzt Platz zum großen Fressen bzw. Quizzen!
Guten Appetit wünscht

Wanda Eule

KATEGORIE 1

Quiz oder stirb!

1. Nennen Sie die berühmten und markenrechtlich geschützten Backwaren dieser Städte:

   (a) Dresden
   (b) Nürnberg
   (c) Lübeck
   (d) Aachen
   (e) Bremen

2. Sortieren Sie folgende Speisen aus dem Bord-Restaurant der Deutschen Bahn (Stand: Juli 2014) aufsteigend nach ihrem Preis:

   (a) Königsberger Klopse
   (b) Chili con Carne
   (c) Hühnerfrikassee
   (d) 6 Nürnberger Rostbratwürstchen

3. Wofür wird seit 2009 der »Goldene Windbeutel« verliehen?

4. Wie heißt die Universalküchenmaschine der Firma Vorwerk, die in zwölf verschiedenen Funktionen – darunter Rühren, Wiegen, Mixen, Mahlen, Kneten, Zerkleinern, Kochen oder Dampfgaren – in der Küche einsetzbar ist?

5. Wovon ist die Rede, wenn unter dem Küchenpersonal einer größeren Gastronomie ein »Rotisseur« zu finden ist?

KATEGORIE 2

Einmal die 17 mit der Sauce von der 23, bitte!

1. Wofür standen mehr als 30 000 Menschen am 31. Januar 1990 in der Moskauer Gorkij-Straße an? (!)

2. Die EU-Verordnung Nr. 1677/88 aus dem Jahr 1988 ist die wohl bekannteste Richtlinie der Europäischen Union. Was wurde damit geregelt?

3. Was erhalten Sie, wenn Sie in einer niederländischen Gastronomie »Kibbeling« bestellen?

4. Für welche Kochkunst war das katalanische Restaurant »El Bulli« des internationalen Spitzenkochs Ferran Adrià Acosta berühmt, das jährlich zwei Millionen Anfragen für eine Platzkapazität von 16 000 Plätzen im Jahr hatte?

5. Woraus besteht ein »Berliner Schnitzel«?

(!) BESTE FALSCHE ANTWORT: **Borschtsch to go**

KATEGORIE 3

Und was kommt da alles rein?

1. Folie: Ordnen Sie diese Käsesorten den richtigen Kulturarten zu: Weißschimmel-, Blauschimmel-, Sauermilch- und Rotschmierkäse!

   (a) Limburger
   (b) Brie
   (c) Harzer Roller
   (d) Gorgonzola

2. Welche Produkte sind durch folgende Inhaltsstoffe gekennzeichnet:

   (a) Zucker, pflanzliches Öl, Haselnüsse (13 %), fettarmer Kakao, Magermilchpulver (7,5 %), Emulgator (Sojalecithin), Vanillin
   (b) Glukosesirup, Zucker, Gelatine, Dextrose, Säuerungsmittel: Zitronensäure; Fruchtzubereitung (Cassis, Zitrone, Orange, Kiwi, Apfel), Aroma, Überzugsmittel: Bienenwachs weiß und gelb, Carnaubawachs, Karamelsirup
   (c) Zucker, Glukosesirup, Kakaobutter, Vollmilchpulver, Kakaomasse, Sonnenblumenöl, Milchzucker, Magermilchpulver, Molkepulver, fettarmer Kakao, Butterreinfett, Gers-

tenmalzextrakt, Emulgator (Sojalecithin), Salz, Eiweißpulver, Pflanzenfett, hydrolisiertes Milcheiweiß, natürliches Vanilleextrakt

(d) Brauner Zuckersirup, Weizenmehl, Glukosesirup, Stärke, Lakritz (3 %), Kochsalz, Aroma, Öl pflanzlich, Überzugsmittel: Bienenwachs gelb, Carnaubawachs

3. Wenn Sie in einem norddeutschen Restaurant gekochte Kartoffeln, gestampftes Corned Beef oder Pökelfleisch und dazu Matjes, Zwiebeln, Rote Bete und Spiegelei bestellen, dann hätten Sie auch gleich *was* verlangen können?

4. Welche Sorten der Ritter-Sport-Schokoladen befinden sich in folgenden Verpackungen:

(a) Feuerrot
(b) Dunkelgrün
(c) Hellblau

5. Der Markenname welches Milchprodukts aus dem Hause Danone ist auch der Name einer Fledermausart, die sich vor allem durch Obst ernährt? (!)

(!) BESTE FALSCHE ANTWORT: **Dany Sahne**

KATEGORIE 4

Alle hassen Blumenkohl

1. Zu welcher Pflanzenfamilie gehört die Gurke?

2. Wozu dient die sogenannte »Scoville-Skala«?

3. Nennen Sie eine andere Bezeichnung für Quendel!

4. Welche etwa Basketball-große, süßlich stinkende Frucht versteckt sich hinter einem gelben Panzer?

5. Welches Gewürz, das aus Ägypten eingeführt wurde, war für den Ausbruch der Ehec-Epidemie im Jahr 2011 verantwortlich?

KATEGORIE 5

Ellenbogen vom Tisch!

1. Welche Regel gilt laut *Knigge* gleichermaßen für Brot, Spaghetti und Salat?

2. Wenn auf einer Essenseinladung die Zeitangabe »11.00 Uhr s. t.« zu finden ist, um wie viel Uhr werden die Gäste dann spätestens erwartet?

3. Wie sollte man mit einer erhaltenen Visitenkarte laut *Knigge* umgehen?

4. Die protokollarische Rangfolge unter wichtigen Menschen beruht auf verschiedenen Prinzipien. Was unterscheidet das »Anciennitätsprinzip« vom »Senioritätsprinzip«?

5. Was sollte laut amerikanischen Tischregeln die linke Hand eines Rechtshänders bzw. die rechte Hand eines Linkshänders während des Essens tun?

EIN QUIZCHEN SPASS MUSS SEIN

Euro-Krise, Ferienende, Haarausfall: Die Gründe, sich in die Depression zu stürzen, sind zahlreich. In dieser Runde bietet sich die Chance, die grausame Realität auszublenden und sich mit leichter Kost aus den Bereichen Freizeit, Humor, Show und Entertainment zu betäuben. Anhänger des Dolce Vita reiben sich da die Hände. Gute Unterhaltung wünscht

Wanda Eule

KATEGORIE 1

Wetten, dass..?

1. In welchem Jahr wurde die Sendung *Wetten, dass..?* zum ersten Mal im ZDF ausgestrahlt?

2. Nennen Sie die drei Musiker, die am häufigsten bei *Wetten, dass..?* auftraten!

3. Wie viele verschiedenfarbige Bärchen gibt es in einer Tüte HARIBO-Goldbären?

4. Wie hieß der Piratensender, für den Thomas Gottschalk in dem gleichnamigen Film aus dem Jahr 1981 gemeinsam mit Mike Krüger auf Sendung ging?

5. Mit welcher Moderatorenkollegin hat der letzte *Wetten, dass..?*-Moderator Markus Lanz einen gemeinsamen Sohn?

KATEGORIE 2

Nettes Hobby!

1. Welcher österreichische Regisseur drehte gleich zweimal – 1997 und 2007 – den Film *Funny Games*, in dem die Urlaubsidylle einer dreiköpfigen Familie mit einem Überfall durch zwei junge Männer jäh beendet wird?

2. Welcher Ego-Shooter verkaufte weltweit über 55 Millionen Exemplare und veröffentlicht seinen vierten Teil mit dem Untertitel »Modern Warfare 3«?

3. Wie heißt das Kinderspiel, bei dem unter anderem in Modi wie »Autobahn«, »Bauer«, »Oma« und »Stippstopp« gespielt wird?

4. Wer sich daheim mit Heraldik beschäftigt, kennt sich womit gut aus?

5. Welches US-Unternehmen ist der größte Spielzeugvertreiber der Welt?

KATEGORIE 3

Sommer, Sonne, Strand und Meer

1. Welcher Abenteurer umrundete im Jahr 2002 als erster Mensch die Erde in einem Heißluftballon und kehrte von seiner letzten Reise in die Wüste Nevadas nie zurück?

2. Wie heißt die brasilianische Marke, deren Name weltweit die meisten Flip-Flops ziert?

3. Was meint ein Österreicher, der Ihnen sagt, er stehe besonders auf Menschen mit »Gugerschecken«?

4. Wie heißt das einzige französische Übersee-Department, das keine Insel ist?

5. Welches Produkt der Marke Quechua muss man erst wegwerfen, um es benutzen zu können?

KATEGORIE 4

Sehr komisch!

1. Wie ist der Spitzname der jungen Dame, die 1989 auf einem *Titanic*-Cover mit einer Salatgurke und dem Titel »Meine erste Banane« abgebildet war?

2. Wie nennt sich die Figur, die in Karikaturen den typischen Deutschen repräsentiert?

3. Welche drei Dinge hat Erwin Lindemann aus dem Loriot-Sketch »Der Lottogewinner« mit seinem Lottogewinn von 500 000 DM vor?

4. Wie versucht eine Blondine, einen Vogel umzubringen?

5. Aus welcher US-amerikanischen Comedy-Sendung sind die Blues Brothers und die Figuren von *Wayne's World* hervorgegangen?

KATEGORIE 5

Du bist dran!

1. In welcher Himmelsrichtung findet man den Hauptbahnhof in der Grundversion des deutschen Monopoly-Spielbretts?

2. Wie heißt die japanische Verkleidungstradition, bei der sich Jugendliche und junge Erwachsene wie Charaktere aus Mangas, Animes, Videospielen oder Spielfilmen verkleiden?

3. Bei welchem Wettbewerb gibt es mancherorts Punkte in den Kategorien »Partner-Prellen«, »Flugsalto«, »Schlafender Flamingo«, »Pferdchen« oder auch im »Elefantenfußball«?

4. Wie nennt man beim Kegeln das äußerst seltene Kegelbild, bei dem nur der vorderste Kegel stehen bleibt?

5. Nennen Sie vier der sechs Disziplinen des Videospiel-Klassikers *California Games*!

DIAGNOSE KREUZBANDQUIZ

Hand aufs Hirn, Quizfreunde! Wie ist es bestellt um Ihre geistige Fitness? Dr. Eule hat für Sie und Ihre Leidensgenossen in dieser Runde einen Untersuchungsmarathon zusammengestellt, der Ihren Denkapparat einmal so richtig auf Herz und Nieren prüft. Also, Gesundheitskarte eingesteckt, Fleischreste aus den Zahnlücken und ab zum Röntgen! Auf den Befund wartet schon:

Wanda Eule

KATEGORIE 1

Kommt ein Mann zum Arzt!

1. Kommt ein Mann zum Arzt und sagt: »Herr Doktor, ich weiß nicht mehr was ich machen soll. Beim Kaffeetrinken tut mir mein Auge immer so weh!« Was antwortet der Arzt?

2. Bis wann musste man in Deutschland Praxisgebühr zahlen?

3. Wofür stehen folgende Abkürzungen

   (a) EKG
   (b) CT
   (c) MRT

4. Welche Schlagersängerin sang den Titel »Und heut' Abend hab ich Kopfweh«?

5. Was liegt vor, wenn der Psychologe eine »dissoziative Identitätsstörung« diagnostiziert?

KATEGORIE 2

Das haben jetzt viele!

1. Eine häufige Sportverletzung ist der Riss des Syndesmosebandes. Wo befindet sich dieses?

2. Wie heißt die Form des Autismus, die landläufig als »little professor syndrom« bekannt ist und unter der mutmaßlich Bill Gates, Albert Einstein und Steven Spielberg leiden?

3. Wenn man sich beim Sport verletzt, sollte man der sogenannten »PECH-Regel« folgen. Wofür steht die Buchstabenkombination?

4. Was versteht man unter einer Luxation?

5. Zahlreiche Krankheiten sind nach ihren Entdeckern benannt. Welche Körperteile sind von den folgenden Krankheiten betroffen?

   (a) Morbus Scheuermann
   (b) Morbus Crohn
   (c) Morbus Basedow
   (d) Morbus Hashimoto

KATEGORIE 3

Aua, mein Arm!

1. Welcher britische Musiker prügelte sich 2002 in München mit fünf Italienern, mehreren Hotelangestellten und Polizeibeamten und verlor dabei u. a. zwei Schneidezähne?

2. Gegen welche Krankheit wurde früher mit einer sogenannten Bifurkationsnadel geimpft, die eine münzgroße Narbe auf dem Oberarm hinterlässt?

3. Aua, mein Ohr! Wem biss Mike Tyson im Weltmeisterkampf der Schwergewichte 1997 in Las Vegas ein Stück Ohr ab?

4. Vervollständigen Sie folgenden Satz von Bruce Lee aus dem Film *Karate Tiger*: »Wenn Deine Schulter sich bewegt, ...« (!)

5. Die in den Neunzigern sehr populäre World Wrestling Federation musste 2002 ihren Namen aufgrund eines Rechtsstreits in World Wrestling Entertainment umbenennen. Mit welcher Organisation stand sie im Konflikt?

(!) BESTE FALSCHE ANTWORT: **»... habe ich dir schon eins auf die Fresse gehauen!«**

KATEGORIE 4

3 mal 20 Tropfen!

1. Wie lautet der Slogan, mit dem in Deutschland erstmals in den sechziger Jahren zur Impfung gegen Polio aufgerufen wurde? **(!)**

2. In der Janosch-Geschichte *Ich mach dich gesund, sagte der Bär* muss der Tiger ins Krankenhaus. Welche Diagnose stellt der zuständige Arzt Dr. Brausefrosch? **(!!)**

3. Auf welche medizinischen Fachgebiete sind folgende Ärzte spezialisiert:

(a) Dr. Markus Merk (ehem. Schiedsrichter)
(b) Dr. Cliff Huxtable (*Bill Cosby Show*)
(c) Dr. John Michael (*Scrubs*)
(d) Prof. Dr. med. Klaus Brinkmann (*Schwarzwaldklinik*)

4. Wo hat die Weltgesundheitsorganisation (WHO) ihren Sitz?

(!) BESTE FALSCHE ANTWORT: »Es hat überhaupt nicht gepikt.«
(!!) BESTE FALSCHE ANTWORT: »Blinddarm muss raus.«

5. Welches Medikament setzt sich zusammen aus den Inhaltsstoffen Acetylsalicylsäure, Pseudoephedrin HCl, Zitronensäure, Maltodextrin, Methylhydroxypropylcellulose und Alpha-Tocopherol?

KATEGORIE 5

Bleiben Sie fit!

1. Das Aerobic-Video welcher Schauspielerin verkaufte sich seit 1982 weltweit über 17 Millionen Mal und ist damit das angeblich meistverkaufte Home Video aller Zeiten?

2. Sortieren Sie diese Nahrungsmittel aufsteigend nach ihrem Glykämischen Index:

(a) Pommes
(b) Salzkartoffeln
(c) Basmati-Reis
(d) Vollkornspaghetti
(e) Weißer Reis

3. Wie heißt der japanische Neurowissenschaftler, dessen Videospiele zum »Gehirn-Jogging« zum Verkaufsrenner wurden?

4. Ein – besonders im Radsport – beliebtes Dopingmittel ist Erythropoetin bzw. EPO. Gegen welche Krankheit wurde dieses Arzneimittel eigentlich entwickelt?

5. Wie heißt die brasilianische Wunderbeere, die, wenn man der Werbung Glauben schenkt, radikal zur Verbrennung von Bauchfett beitragen soll?

»Das ist hier kein Spaß!«

SPIELERTYP I

Die Verbissenen

Der Name lässt es schon erahnen: Nichts steht einem feucht-fröhlichen Kneipenquiz-Abend mit guten Freunden mehr im Wege als ein V. im eigenen Quizteam. Dabei, und das muss anerkennend vorweggeschickt werden, ist es zunächst einmal nicht die schlechteste Ausgangslage für ein Quizteam, diesen Quiztypus in seinen Reihen zu haben. Der V. verfügt in der Regel über eine fundierte Allgemeinbildung, geht den Dingen gerne auf den Grund und ist der Analyst unter den Quizspielern. An guten Tagen kann der V. mit seinen breit aufgestellten Kenntnissen in den verschiedensten Wissensdisziplinen auch schon einmal ein Quiz im Alleingang entscheiden, was er dann gerne für sich, genügsam wie er ist, im Stillen genießt. Schulterklopfer, Lobesoden und stehende Ovationen werden dabei anerkennend entgegengenommen. Darüber hinaus ist der V. ein Führungsspieler, der die Geschicke seines Teams gerne zu lenken weiß und bereit ist, in schwierigen Situationen, auch unter Stress, klare Entscheidungen zu treffen. Oftmals, und damit lässt sich die Liste der positiven Charakterzüge dieses Typus auch schon so gut wie schließen, ist dies aber gar nicht nötig. In der Regel – und dies stellt die übrigen Teammitglieder vor das größte Problem im Umgang mit dem V. – hält dieser seine Antwort ohnehin für die richtige. Dies ist sicherlich noch zu ertragen, solange der Abend erfolgreich verläuft. Bleibt der Triumph jedoch aus, wird es ungemütlich und eine nette Quizrunde im Kreise guter Freunde gerät schnell zum zwischenmenschlichen Martyrium. Dies liegt vor allem auch am Anspruch des V., dessen Motto nicht umsonst heißt: »Es geht nicht um Geselligkeit, es geht nur ums Gewinnen!« Bei zunehmender Erfolglosigkeit wird er versuchen, den Grund hierfür auszumachen. Auch dank seiner analytischen Fähigkeiten werden schnell die eigenen Teammitglieder in den Fokus rücken, die, so sie für eine falsche Antwort verantwortlich sind, beschimpft und bei jedem weiteren Gedanken, noch bevor dieser ausgesprochen wird, zumindest mit rollenden Augen bestraft werden, bis sie dann lieber gar nichts mehr sagen. Sollte sich sogar, und dies ist eigentlich unmöglich, seine eigene Antwort als falsch herausstellen, wird der V. die dilettantische Recherche des Quizmasters hierfür verantwortlich machen und diesen dann auch gerne umgehend öffentlich zurechtweisen. Sollte sich hierdurch keine Ergebnisverbesserung einstellen, wird er sich rechtliche Schritte gegen die Organisatoren vorbehalten, und käme man ihm mit einem Verweis auf den *Brockhaus* oder die *Encyclopedia Britannica*, sollten sich deren Redaktionen lieber auch schon einmal warm anziehen. Letztlich wird er das Lokal noch vor der letzten Quizrunde verlassen und sich schwören, nie wieder an solch einer idiotischen Veranstaltung teilzunehmen. Maximal noch ein Mal.

QUIZZLY-BÄR

Haben Sie einen Bärenhunger auf weitere Fragen? Na prima! Dann auf ins nächste Faktendickicht! Wer im Auge des Sturms noch weiß, mit welchem Köder man fette Punkte macht und warum man Feuerzauber »Texas« auf keinen Fall über dem Lagerfeuer erhitzen sollte, der wird sich in diesem Wald vor lauter Fragen schon zurechtfinden. Ob im Fünfer-Rudel oder als einsamer Wolf: Wie Sie das wilde Tier am Ende zähmen, ist Ihnen überlassen. Stets an Ihrer Seite ist in jedem Fall die schärfste Axt im Walde:

Wanda Eule

KATEGORIE 1

Die Natur schlägt zurück

1. Wie hießen die Unwetter, die an folgenden Orten große Schäden anrichteten:

(a) Norddeutschland, Oktober 2013
(b) New York, Oktober 2012
(c) Nord- und Westeuropa, Januar 2007
(d) Südosten der USA, August 2005

2. Warum rettete Frank Schätzings Roman *Der Schwarm* rund 50 Menschen das Leben? **(!)**

3. Im Jahr 2003 entstand ein deutschsprachiger Actionfilm, in dem ein geklonter Riesenhai die Küstengewässer Mallorcas bedroht. Welcher deutsche Schauspieler ist in der Hauptrolle zu sehen?

4. Wie werden tropische Wirbelstürme im Nordwestpazifik bezeichnet?

5. Sieben gute und sieben schlechte Jahre, so deutet Josef laut Bibel die Träume des Pharaos. Von was hat dieser ursprünglich geträumt?

(!) BESTE FALSCHE ANTWORT: Es handelt sich hierbei um einen Gefahren-Ratgeber für Imker.

KATEGORIE 2

Fuchs, du guckst ja ganz verstohlen

1. Ungefähr 14 000 Tonnen dieses vom Aussterben bedrohten Fisches wurden in den vergangenen 10 Jahren unregistriert aus dem Mittelmeer nach Japan verschifft. Von welchem Fisch ist die Rede?

2. Welche Tiere wurden 1988 in einem Film mit viel Nebel erforscht?

3. Wie heißt das Pferd von Don Quichote? (!)

4. Und wo wir schon dabei sind: Wie heißt eigentliche die Eule von Harry Potter?

5. Diese Hunderasse galt in den Neunzigern als so gestrig, dass sich die Medien darum sorgten, ob die Rasse etwa vom Aussterben bedroht sei. Liam Gallagher von Oasis kündigte daraufhin an, in diesem Fall notfalls selbst 900 Exemplare zu erwerben, um ein Aussterben zu verhindern. Um welche Hunderasse handelte es sich?

(!) BESTE FALSCHE ANTWORT: **Jolly Jumper**

KATEGORIE 3

Bunt sind schon die Wälder

1. Wie heißt der Hüne, der als zweiter Mann in der Bande von Robin Hood an dessen Seite kämpft?

2. Wie nennt sich die auf jedem Waldboden stattfindende Erzeugung von energiereichen Stoffen aus energieärmeren Stoffen mit Hilfe von Lichtenergie?

3. Wie heißt der Kinderbuch-Klassiker von Maurice Sendak, in dem sich ein Kinderzimmer in einen Wald verwandelt?

4. Welche meist tödliche Entzündung wird beim Menschen durch den Tollwut-Virus hervorgerufen?

5. Wie heißt die Vorstufe eines Waldbrandes, bei dem sich brennendes Laub und abgefallene Äste am Boden in hoher Geschwindigkeit ausbreiten?

KATEGORIE 4

Wurzeln, Pflanzen, Säfte, Samen

1. Aus welchen Wurzeln wird Lakritz gewonnen?

2. Im Winter und im Frühjahr starten Bienen zu ihrem sogenannten Reinigungsflug. Warum eigentlich? (!)

3. Was ist die 5. Wurzel aus 243?

4. Erstmals in der Bibel tauchte die Taube als Friedenssymbol auf und trägt einen Zweig im Schnabel. Welcher Pflanze entstammt dieser Zweig?

5. Welches Lebewesen ist das größte der Welt?

(!) BESTE FALSCHE ANTWORT: **Aus religiösen Gründen**

KATEGORIE 5

Sport mit Tieren

1. In welcher Abart des Pferdesports gilt es in Disziplinen wie »Trail«, »Superhorse« oder auch »Reining« zu bestehen?

2. Nennen Sie die Tiere, die folgenden Fußballspielern ihren Spitznamen gaben:

   (a) Ralf Zumdick
   (b) Jürgen Wegmann
   (c) Hans-Hubert Vogts
   (d) Franz Roth
   (e) Willi Lippens
   (f) Andreas Neuendorf

3. Was wird beim Tiersport mit dem Begriff »Agility« bezeichnet?

4. Was ist ein Boilie?

5. In welcher Sportart war der Hamburger Kaufmann Albert Darboven bis 2003 aktiv?

BUTCH CASSIDY AND THE SUNDANCE QUIZ

Ein Quiz für Großstadt-Gringos und Theken-Trapper. Hier helfen weder Galgenhumor noch Büffeln, bis die Colts oder Köpfe rauchen. Dann schon lieber Lederstrümpfe hochkrempeln, einen Strohhalm ins Feuerwasser und ab in die Postkutsche! Oder gleich ein paar Pferde stehlen mit Gefährten, mit denen Sie auch einen hinterlistigen Plan wagen können, um die Cowboy-Konkurrenz beim Quiz im Morgengrauen zu teeren und zu federn. Natürlich ohne Gewehr und sonstige Hilfsmittel! An Ihrer Seite jederzeit der wildeste Geier weit und breit,

Wanda Eule

KATEGORIE 1

Guten Tag, Herr Officer!

1. Was sind sogenannte »weiße Einkünfte«?

2. In der öffentlichen Berichterstattung über die Lösung von Kriminalfällen ist in der Vergangenheit oftmals ein Blick in den sogenannten »Situation Room« gewährt worden. Was geschieht in diesem?

3. Was ist Beamten der Bundespolizei im Umkreis von 30 km der Bundesgrenzen erlaubt, was Kollegen im Landesinneren verboten ist?

4. Welches Bundesland verabschiedete sich als letztes von den grün-beigen Polizeiuniformen, um zu den dunkelblauen Outfits zu wechseln?

5. Aus welchen Kinderromanen kennt man Wachtmeister Alois Dimpfelmoser?

KATEGORIE 2

Aufs Maul!

1. Welcher (auch für seine Ausfälligkeiten bekannte) deutsche Schauspieler streckte 2011 im Wiener Museumsquartier den Regisseur Stephan Pfister nieder?

2. Aus welchen zwei Fremdwörtern bezieht der »Labello« seinen Namen?

3. Welche Körpermodifikation im Gesicht hat ihren Ursprung in einer Foltermethode für gestürzte Kaiser im byzantinischen Reich?

4. Welche Tiere attackieren sich kriegerisch, sobald ein Teil der Kolonie nicht mehr genetisch so homogen ist wie der Rest?

5. Nach welchem berühmten Schläger und Schwimmer ist das Freibad der Stadt Schwäbisch Gmünd benannt? (!)

(!) BESTE FALSCHE ANTWORT: **Ernst August von Hannover**

KATEGORIE 3

High Noon in Bad Fallingbostel

1. Welcher berühmte Bisonjäger gilt als einer der Begründer des modernen Showbusiness?

2. Wo im Western kommen Doppelfederscharniere zum Einsatz?

3. Was versteht man unter einem »Amerikanischen Duell«?

4. Im Film *High Noon* erwartet Sheriff Will Kane den frisch entlassenen Banditen Frank Miller. An welchem Ort in Hadleyville kann Miller am besten in Empfang genommen werden?

5. Wofür im Duell braucht man Kimme und Korn?

KATEGORIE 4

Da läuft der Schurke!

1. Welche drei Staaten bezeichnete George W. Bush im Jahr 2002 als »Achse des Bösen«?

2. Welchen Beinamen trug der 1994 verhaftete Top-Terrorist »Carlos«?

3. Was bezeichnet der Begriff »nom de guerre«?

4. Was ist der Unterschied zwischen einer halb- und einer vollautomatischen Handfeuerwaffe?

5. Im Film *Spiel mir das Lied vom Tod* kommt die selten eingesetzte »italienische« Kameraperspektive zum Einsatz. Was ist in dieser Einstellung immer zu sehen?

KATEGORIE 5

Helden der Steppe

1. Was ist gemeint, wenn z. B. in Kreisen der Umweltorganisation Greenpeace von einer Feldbefreiung die Rede ist?

2. In der südamerikanischen Pampa lebt das Guanako. Zu welcher Tiergattung zählt dieser Paarhufer?

3. Welcher Westernheld verabschiedet sich stets mit der Liedzeile »I'm a poor lonesome cowboy, and a long way from home«?

4. Mit welchem Gewehr ist der Indianerhäuptling Winnetou unterwegs? (!)

5. Aus welchem Grund kehrt Doc Snyder in dem Film *Texas – Doc Snyder hält die Welt in Atem* nach 30 Jahren in seine Heimatstadt Texas zurück?

(!) BESTE FALSCHE ANTWORT: **Mit dem Ersatzgewehr von Old Shatterhand**

QUIZ IS NOT AMERICA

Howdy Internationals! Die First Lady aus dem Owl Office klopft mal ordentlich auf den Bush, was Sie in Sachen Amerika so alles wissen. Sollten Sie bei Fragen nach amerikanischen Volksliedern oder Terrorabwehrmethoden das Gefühl haben »Mensch, ich Kennedy doch!«, dann dürfen Sie gleich Fordfahren. Wenn Sie allerdings von Nixon Plan haben, bitte nicht aufreagan! Einfach mitspielen und mit einem frisch gepressten Jim Beam sich wenigstens einen ordentlichen Carter verdienen. Es hisst für Sie das Star Spangled Banner:

Wanda W. Eule

KATEGORIE 1

Big Apple

1. In welcher deutschen Stadt feierte das Musical *Ich war noch niemals in New York* in Deutschland Premiere?

2. Wie heißt das von vielen Prominenten bewohnte Gebäude westlich des Central Parks, vor dem 1980 John Lennon erschossen wurde?

3. Wie wird die Seventh Avenue zwischen 34th und 39th Straße auch genannt?

4. In welchem Ort im Staat New York fanden schon zweimal Olympische Winterspiele statt?

5. Die Entfernung zwischen zwei Parallelstraßen in Manhattan ist fast überall gleich groß. Wie viele Meter misst ein Block von Nord nach Süd?

KATEGORIE 2

Internationale Beziehungen

1. Nennen Sie die drei wichtigsten internationalen Organisationen, die sich mit globalen Themen der Handels- und Wirtschaftspolitik auseinandersetzen!

2. Der Botschafter welchen Landes kam Anfang der nuller Jahre immer wieder in die Schlagzeilen und verlor im Jahr 2002 nach einer vermeintlich erfundenen Affäre mit einer Berliner Visagistin seinen Diplomatenjob?

3. Die Open-Source-Programme »Jitsi« und »Ekiga« sind Alternativen zu welchem beliebten Instrument der internationalen Verständigung?

4. Wie hieß der Kapitän der deutschen Nationalmannschaft, der nach der Fußball-Weltmeisterschaft 1978 in Argentinien in einem Interview in Bezug auf die herrschende Militärjunta sagte: »Argentinien ist ein Land, in dem Ordnung herrscht. Ich habe keinen einzigen politischen Gefangenen gesehen.«?

5. Wie sagt man »Prost« auf Dänisch?

KATEGORIE 3

Secret Service

1. Wie heißt Umberto Ecos Roman, in dem er beschreibt, wie neugierige Wissenschaftler eine Verschwörungstheorie spinnen, die einen von ihnen das Leben kostet?

2. Wie starb James Bonds Frau im Film *Im Geheimdienst Ihrer Majestät*?

3. Wie heißt der Polizist, der 1967 den Studenten Benno Ohnesorg erschoss?

4. Wie hieß der Freimaurer, der den Illuminatenorden gründete?

5. Für die Behörde des Bundesbeauftragten für die Stasi-Unterlagen wurden seit ihrem Bestehen drei weitere Namen gebraucht. Welche?

KATEGORIE 4

U, S and A

1. Am vierten Donnerstag im November spricht der amerikanische Präsident traditionell eine Begnadigung aus. Wer wird von ihm begnadigt?

2. Wofür stehen die 13 Streifen auf der Flagge der USA?

3. Die amerikanische Ausgabe der *Sesamstraße* stellte im Juni 2013 eine neue, oftmals traurige Puppe Alex vor. Mit ihr soll eine gesellschaftliche Problematik thematisiert werden, von der in den USA jedes 28. Kind betroffen ist. Welche?

4. Welche Städte sind Anfangs- und Endpunkt der Route 66?

5. Welcher amerikanische Flughafen hat das weltweit größte Passagieraufkommen?

KATEGORIE 5

From Russia with love

1. In wie viele Zeitzonen ist Russland unterteilt?
2. Wenn man in Süddeutschland einen »Russ'n« bestellt, erhält man was?
3. Was versteht man unter der »Petersburger Hängung«?
4. Welches aus dem Russischen übernommene Fremdwort ist das deutsche Wort mit den meisten Konsonanten am Stück?
5. Welche Bevölkerungsgruppe beschreibt Eugen Litwinow in seinem Buch *Mein Name ist Eugen*?

»Na, wie habe ich das gemacht?«

SPIELERTYP II

Die Glücksritter

Die G. sind ein eher seltenes Phänomen im Quizsport, gehören aber zu der Kategorie von Spielern, die allen Quizveteranen ein echter Dorn im Auge sind. Sie sind diejenigen Spieler, die bei ihrer ersten und oftmals auch einzigen Teilnahme das Quiz gleich gewinnen. Gemeinhin werden sie deshalb auch als »One-Quiz-Wonder« bezeichnet. Gemeinhin gehen Sie deshalb gestandenen Quizteilnehmern auch gehörig auf die Nerven!

Sie kennen das: Ihr Team nimmt schon über Jahre regelmäßig an einem Kneipenquiz teil, Sie haben noch nie einen Abend verpasst und stellen seit jeher alles dem Erfolg unter. Sie trinken nicht zu viel während des Quiz, um die Denkleistung konstant hoch zu halten. Sie mahnen Ihr Team zur Konzentration, sobald es zu plauderhaft werden sollte, und Sie würden Ihren besten Freund nicht auch nur ein einziges Mal zum Quiz mitnehmen, wenn dieser nicht zumindest das Personal der britischen Thronfolge bis Platz 100 aufsagen kann. Dazu kommt Ihre akribische Vorbereitung mit dem Durcharbeiten der Tagespresse der letzten vier Wochen, leichten Schreibübungen am Vormittag und Koordinationsübungen am Nachmittag. Sie tun also wirklich alles für den Erfolg, bloß: Dieser will sich partout nicht einstellen! Dabei spielen Sie Runde für Runde sogar sehr beachtlich, manchmal sind Sie sogar nahe dran am Triumph, doch immer und immer wieder fehlen die letzten ein, zwei richtigen Antworten, die Ihr Team von den undankbaren Rängen an die Spitze des Tableaus katapultieren würden. Bis, ja, bis zu diesem einen Abend ...

Die G. würden sich nie auf so etwas wie ein Quiz vorbereiten und schon gar nicht würden sie sich die Termine, wie Sie es tun, mit dem Textmarker im Kalender markieren, geschweige denn ihren Urlaub danach ausrichten. Die G. werden Ihnen vielleicht sagen, dass sie ohnehin immer schon einmal mitspielen wollten und es heute Abend endlich einmal gepasst hat, in Wahrheit werden sie aber eher zufällig mal vorbeigestolpert sein, und siehe da, in Ihrem Team war heute Abend kurzfristig ein Platz frei. Und dann läuft es wie immer: Ihr Team spielt wieder gut mit und kratzt am Spitzenplatz und das sogar, obwohl statt der eingespielten Truppe heute der G. mitspielt. Es läuft schon die letzte Runde und Sie wissen immer noch nicht, welcher Teufel Sie geritten hat, ihn mitspielen zu lassen, denn außer »Ach, das ist doch Dings«, »Mensch, das wusste ich mal«

und »bringst du mir noch 'n Weizen mit?« hat er bislang nichts Wesentliches beitragen können. Aber dann, in dieser letzten Runde, eher beiläufig, aber dafür mit dem Hinweis »Ja, das ist doch einfach« beantwortet er diese eine Frage, bei der Ihr Team sich nur ratlos angesehen hat und die Ihnen für gewöhnlich den Sieg verwehrt. Nun ist er endlich da! Sie haben gewonnen und jetzt wäre der richtige Zeitpunkt für große Jubelgesten, doch irgendwie will Ihre Stimmung nicht so richtig in Fahrt kommen, vielleicht auch deshalb, weil in Ihnen das »Na, wie hab ich das gemacht?« des G. noch immer nachhallt. Und, so viel sei verraten, es wird bestimmt nicht das letzte Mal sein, dass er Sie daran erinnern wird!

DER GRAF VON MONTE QUIZTO

Edelleute und *Gala*-Abonnenten sind gefragt, wenn der Graf von Monte Quizto einlädt zu aristokratischem Geknobel. Wenn Sie wissen, wie Prinz Ernst August von Hannover nach Monaco gekommen ist, und Sie Thurn von Taxis unterscheiden können, dann dürfen Sie in dieser Runde ruhig eine dicke Schaumburg-Lippe riskieren. Wer es mit seiner Tafelrunde schafft, sich nach fünf Kategorien zum Rate-Ritter schlagen zu lassen, dem winken Lokalrunden blauen Blutes und die Überreichung der Federkrone durch Eure Hoheit

Wanda Eule

KATEGORIE 1

Monarchen im Alltag

1. Aus welchem Grund wurde Prinz Ernst August von Hannover aus der britischen Thronfolge ausgeschlossen?

2. In welcher Disziplin nahm Fürst Albert von Monaco zwischen 1988 und 2002 insgesamt fünfmal an Olympischen Winterspielen teil?

3. Welche Gemeinsamkeit in der Biografie verbindet Englands Ex-Rugby-Kapitän Will Carling, Bodyguard Barry Mannakee, den ehemaligen Chef des Lotus-Rennteams James Gilbey, Kunsthändler Oliver Hoare und den Offizier James Hewitt?

4. Wie wurde die Familie Middleton vermögend? (!)

5. Was wird in China als das »Kleine-Kaiser-Syndrom« bezeichnet?

(!) BESTE FALSCHE ANTWORT: **Mit der Verheiratung ihrer Tochter Kate**

KATEGORIE 2

Willy und die Windsors

1. Welcher deutsche Schauspieler muss in dem Film *Willy und die Windsors* nach der Abschaffung der Monarchie in England überraschend die englische Königsfamilie in seinem Reihenhaus in Hannover aufnehmen?

2. Die Intrigen welcher drei Adelsfamilien prägen das Bild der TV-Serie *Verbotene Liebe*?

3. Wo will Eddie Murphy in der Komödie *Der Prinz aus Zamunda* seine zukünftige Frau und Königin finden?

4. *Der Graf von Monte Christo* ist ein Roman von Alexandre Dumas. Welcher weitere Roman von Dumas wurde vielfach verfilmt, u.a. mit Richard Chamberlain und Leonardo DiCaprio in der Hauptrolle?

5. In welcher Fernsehserie lernt das TV-Publikum den schnöseligen Alexander von Eich – gespielt von Christian Ulmen – kennen, der die Aufgabe hat, seine Partnerin ein Wochenende lang in den Wahnsinn zu treiben?

KATEGORIE 3

1001 Nacht

1. Wie heißt die Tochter des Wesirs, die in *1001 Nacht* jeden Abend neue Geschichten erzählt, um nicht vom König getötet zu werden?

2. Welche Geschichte eines Verbrechens dreht sich stets um die folgenden Personen: Oberst von Gatow, Professor Blom, Direktor Grün, Baronin von Porz, Fräulein Ming und Frau Weiß?

3. Welcher deutsche Dramatiker verfasste das Schauspiel *Prinz Friedrich von Homburg oder die Schlacht bei Fehrbellin*?

4. In einer Folge der *Sesamstraße* übernachtet Graf Zahl bei Ernie und Bert. Was ist die Pointe dieses Sketches?

5. Das Schweinchen Pupsi, der Hase Henry, der Bär Bruno und der Marienkäfer Oskar sind Figuren welcher Kinderbuchreihe?

KATEGORIE 4

Der König von Mallorca

1. »Kaiser« Franz Beckenbauer warb mit folgenden Sprüchen für verschiedene Produkte. Welche Marken stecken dahinter:

(a) Kraft in den Teller – ___ auf den Tisch.
(b) Da legst di nieder.
(c) Ja is denn heut scho' Weihnachten?

2. Jürgen Drews – Der »König von Mallorca« – hatte in den neunziger Jahren einen Gastauftritt im Film *Ballermann 6*. Auf welchem Gefährt ist er hauptsächlich zu sehen?

3. Im Dokumentarfilm »When We Were Kings« von 1996 sind unter anderem James Brown, B. B. King, Norman Mailer und Spike Lee zu sehen. Um welches Ereignis dreht sich dieser Film?

4. Sortieren Sie folgende Alben von Prince in die richtige Reihenfolge:

(a) *Sign O' the Times*
(b) *Prince*
(c) *Love Symbol*
(d) *Purple Rain*

5. Die Fernsehserie *Der Prinz von Bel-Air* trägt ihren Titel nach dem Spitznamen des Hauptdarstellers. Wie lauten dessen bürgerlicher Name und Spitzname?

KATEGORIE 5

Adel verpflichtet!

1. Seit wann werden in Deutschland keine Adelstitel mehr verliehen?

2. Welcher deutsche »Adlige« ist ein großer Facebook-Star mit mehr als 1 000 000 Fans?

3. Wofür war eine Zofe am Hof einer Adelsfamilie zuständig?

4. Bei welcher Gelegenheit lernte Frederik von Dänemark seine spätere Frau, die Australierin Mary Donaldson, kennen?

5. Die Band »Die Prinzen« ging aus Sängern welcher beiden berühmten Chöre hervor?

DIE WELT DER QUIZZENSCHAFT

Sie gehören zu den Typen, denen Knallgasproben lieber sind als knallende Korken? Denen nur eigenhändig-destillierter Alkohol ins Glas kommt und denen der Wirt unter keinen Umständen ein X für ein U vormachen kann? Dann atmen Sie durch! Die Komplexität der nun folgenden Kategorien wird Sie als Tüftler und Denker kaum aus dem chemischen Gleichgewicht bringen. Erhitzen Sie also langsam Ihren Denkapparat, damit Sie gleich lossprudeln können wie eine Cola-Flasche, in die man ein Mentos wirft. Präparation ist schließlich (und bei mir erst recht) alles,

Wanda Eule

KATEGORIE 1

Zeit und Raum

1. Albert Einstein beschreibt die Möglichkeiten einer Bewegung durch unterschiedliche Zeiten. In welche Richtung ist eine solche prinzipiell vorstellbar?

2. Wie ist die internationale Bezeichnung für das, was in Deutschland Sommerzeit heißt?

3. Welcher Uhrenhersteller erfand die »Internet-Zeit«, die den Tag in 1000 gleich lange Einheiten, sogenannte Beats, unterteilt.

4. Wie heißt das Kernstück von Doc Browns Zeitmaschine, das im Film *Zurück in die Zukunft* Reisen durch die Zeit ermöglicht?

5. Wo hat die Physikalisch-Technische Bundesanstalt, die in Deutschland für die Verbreitung der gesetzlichen Zeit zuständig ist, ihren Sitz?

KATEGORIE 2

Von Euler bis Pythagoras

1. Wie nennt man in einem rechtwinkligen Dreieck die Seiten, die der Hypotenuse gegenüberliegen?

2. Zeichnen Sie folgende geometrische Formen:

(a) Oktaeder
(b) Gleichschenkliges Trapez
(c) Zylinder
(d) Torus

3. Wenn es zwei Stunden später wäre, wäre es halb so lang bis Mitternacht, wie wenn es eine Stunde später wäre. Wie spät ist es?

4. Aus welchem Drama stammt der Satz: »Die Winkelsumme im Dreieck kann nicht nach den Bedürfnissen der Kurie abgeändert werden.«?

5. Wie lautet die 11. Primzahl?

KATEGORIE 3

Was nicht passt, wird passend gemacht!

1. Welches Bauwerk ließ der Magier David Copperfield im Jahr 1983 verschwinden?
2. Was ist ein Pilaster?
3. Der nordrhein-westfälische Freizeitpark »Kernies Familienpark« entstand auf dem Gelände welcher Bauruine? (!)
4. Welche Organisation wurde am 6. Oktober 1907 als wirtschaftskulturelle »Vereinigung von Künstlern, Architekten, Unternehmern und Sachverständigen« auf Anregung von Hermann Muthesius in München gegründet und war u. a. für den Bau der Stuttgarter Weißenhofsiedlung verantwortlich?
5. Welches ist das höchste Sakralgebäude Deutschlands?

(!) BESTE FALSCHE ANTWORT: **Kölner Stadtarchiv**

KATEGORIE 4

Zusatzkurs: Erdkunde

1. Wie nennt man eine (oder mehrere) Koralleninseln, die eine Lagune umschließen?
2. Welches einmal im Jahr stattfindende Naturschauspiel kann man im März am Nordpol erleben? (!)
3. In welchen vier heutigen Ländern liegen die sieben Weltwunder der Antike?
4. Welche vier europäischen Hauptstädte liegen an der Donau?
5. Zu welchen Ländern gehört der K2, der zweithöchste Berg der Welt?

(!) BESTE FALSCHE ANTWORT: **Paarungszeit des Polarbären**

KATEGORIE 5

Brodel, rums, peng, zisch!

1. Was misst sich in Ampere?

2. Was ist gemeint, wenn bei Charles Darwin und Herbert Spencer von »Fitness« die Rede ist?

3. Von welchem Themenbereich ist die Rede, wenn Begriffe wie »Straight-Wire-Technik«, »Multibandapparatur« und »Retainer« fallen?

4. In der Flüssigkeit von Gurken sind Salze und Essigsäure gelöst. Dies ermöglicht einen »lustigen« Versuch, der immer wieder gern in Physik-Shows zum Besten gegeben wird. Welchen?

5. Welchen Fixpunkt legte Daniel Gabriel Fahrenheit bei 96 Grad seiner Temperatur-Skala fest?

FERRIS MACHT QUIZ

Wenn Sie und Ihre Freunde aus der Rollschuh-Disco sich mit den Untiefen der achtziger Jahre bestens auskennen, den Videotext dem Facebook vorziehen, wenn Leggings ebenso zu Ihrer Grundausstattung gehören wie Sneakers mit Klettverschluss, wenn Sie Didi den Doppelgänger von den Supernasen und Magnum von Monaco Franze unterscheiden können, dann dürfte diese Runde »Null Problemo« für Sie sein. Für alle, die sich an die Achtziger nicht mehr erinnern können, gilt: Hilfsmittel wie Walkmen, VHS-Kassetten und Tageslichtprojektoren sind natürlich auch in dieser Runde strengstens verboten!

Wanda Eule

KATEGORIE 1

Endlich Kabelfernsehen

1. In welchem Jahr wurde in Deutschland erstmals Kabelfernsehen ausgestrahlt?

2. In den achtziger Jahren entdeckte Otto Waalkes im Hansa-Theater in Hamburg einen Schimpansen. Wie hieß die ZDF-Fernsehsendung, die dieser Schimpanse später moderieren sollte?

3. Welche vier Sonderfelder gab es beim Glücksrad neben den Geldbeträgen?

4. Wie hieß die Computer-Animation aus der Sendung *Spaß am Dienstag*, die zusammen mit wechselnden menschlichen Moderatoren durch die Sendung führte?

5. Im Frühjahr 2014 holte der Sender Tele5 eine Sportart zurück ins Free-TV, die auf diesem Sender schon Ende der achtziger Jahre zu sehen war. Welche?

KATEGORIE 2

Auf ins Jahr 2000

1. Wie hieß das Buch der Autorin Gudrun Pausewang, das durch den Reaktorunfall in Tschernobyl 1987 inspiriert wurde?

2. Wie hieß der erste Bürger der BRD, der 1983 ins All flog?

3. Welcher bekannte deutsche Motorradhersteller ging in den achtziger Jahren pleite?

4. Selbstfahrende Autos waren eine der großen Zukunftsvisionen der achtziger Jahre. Im Jahr 2014 wurde nun ein Prototyp eines solchen Fahrzeugs präsentiert. Welches IT-Unternehmen steckt hinter diesem runden Fahrzeug ohne Lenkrad und Gaspedal?

5. In den achtziger Jahren wurde der Commodore 64, der erfolgreichste Heimcomputer der Welt, entwickelt. Mit wie vielen Megahertz (+/- 5) arbeitete sein Prozessor?

KATEGORIE 3

Game, Set, Match

1. Drei Mal gewann Boris Becker in den achtziger Jahren in Wimbledon. Wie hießen seine Finalgegner?

2. Welchen Berg bezwang Reinhold Messner 1980 als erster Mensch ohne Sauerstoffgerät?

3. Welchen Wettbewerb gewannen die Sportler Manfred Deckert, Ernst Vettori, Matti Nykänen und Hubert Neuper in den achtziger Jahren?

4. 1983 kam es zum einzigen DFB-Pokalfinale der Herren zwischen zwei Mannschaften aus derselben Stadt. Von welcher Stadt ist die Rede?

5. Im Jahr 1988 gewann Steffi Graf alle vier Grand-Slam-Turniere sowie die Olympische Goldmedaille. Wie nennt man die Sammlung dieser fünf Titel binnen eines Jahres?

KATEGORIE 4

In Bonn und um Bonn herum

1. Für das vorzeitige Ende seiner Kanzlerschaft im Jahr 1982 macht Helmut Schmidt sein Engagement für einen Beschluss verantwortlich, der zu Anfang der achtziger Jahre in Deutschland große Diskussionen auslöste. Worum ging es?

2. Welcher Film über einen Unabhängigkeitskämpfer gewann 1983 acht Oscars?

3. Was bedeutet das von Michail Gorbatschow für seine Politik in der Sowjetunion gebrauchte Schlagwort »Glasnost«?

4. Welches Amt bekleidete Richard von Weizsäcker, bevor er 1984 Bundespräsident wurde?

5. Welche 62 Bücher sorgten im Jahr 1983 für großes Aufsehen in Deutschland?

KATEGORIE 5

Musik der Achtziger

1. Welche Band ging aus der Berliner Punkband »Soilent Grün« hervor?

2. Unter welcher Nummer erreicht man Rosi aus dem Song »Skandal im Sperrbezirk« der Spider Murphy Gang?

3. Welcher Tiroler Produzent gilt als einer der Erfinder der Synthesizer-Musik und schrieb in den achtziger Jahren unter anderem den Soundtrack für den Film *Scarface* und eine Neuvertonung von *Metropolis*?

4. Durch die Beherrschung welchen Musikinstruments brachten Kool Herc, Grandmaster Flash und Afrika Bambaata eins der wichtigsten neuen Musikgenres der achtziger Jahre ins Rollen?

5. In den späten Achtzigern entwickelte sich die Acid-House-Szene. Welches bekannte Symbol nahm sie für sich in Beschlag?

»1976? Waren wir da nicht am Plöner See ...?«

SPIELERTYP III

Die Weisen aus dem Anekdotenland

Wenn sie in allen Dingen des Lebens so agieren wie beim Quiz, muss man dieser Spezies eines wirklich lassen: Niemand tritt den rastlosen und schnelllebigen Zeiten des 21. Jahrhunderts so ignorant und unbeeindruckt entgegen wie sie. Niemand steht so fest und stoisch in der aufbrausenden Brandung der immer hektischer peitschenden Zeitsee wie dieser in sich ruhende Fels der Entschleunigung. Solche für jede Betriebsamkeit unempfindlichen Wesenszüge mögen in vielen Lebenssituationen sicher von Vorteil sein. Für die Teilnahme an einem Kneipenquiz sind sie allerdings nicht immer förderlich.

Grund hierfür ist allein schon die Tatsache, dass ein Quiz eben auch etwas mit Geschwindigkeit zu tun hat.

Bei der Beantwortung von fünf Fragen in fünf Minuten sollte da im besten Fall nach dem Prinzip »schnelle Gründlichkeit« verfahren werden. Eine Taktik, die mit den WadA. nicht zu machen ist. Der Grund hierfür ist ihre große Leidenschaft für Abschweifungen und Anekdoten, was gleichsam ihre Strategie für die Beantwortung jedweder Quizfrage ist. Zugutehalten muss man den WadA. dabei, dass sie schon über eine ziemlich gesunde Allgemeinbildung verfügen und aufgrund ihres Alters – betroffen sind in der Regel ältere Semester – jüngere Quizteilnehmer durch ihr historisches Wissen um deutsche Volkslieder, Ministergattinnen der Ära Brandt und Technologien der frühen fünfziger Jahre auszustechen wissen. Problematisch ist hingegen ihr Hang dazu, Quizfragen, die sie nicht sogleich beantworten können, durch persönliche Erlebnisse wie Zelturlaube an der Weser, Neuanschaffungen von Kraftfahrzeugen oder Geburtstagsfeiern aus dem Familienkreis herzuleiten. Dabei spielt es keine Rolle, ob es sich um Fragen zu technischen Einzelheiten der bemannten Raumfahrt oder um ostafrikanische Hochzeitsrituale handelt. Der Lösungsversuch folgt stets derselben Systematik: Sobald der Quizmaster die Frage stellt, werden sie versuchen, in dieser irgendeinen Anhaltspunkt zu finden, über den sich die Antwort schlussfolgern lässt. Im besten Fall handelt es sich hierbei um eine Jahreszahl, über die sich herleiten lässt, wo und was man zu dieser Zeit eigentlich war. Je länger die Beratungen dauern, wird die eigentliche Beantwortung der Frage dann immer unwichtiger. In den Vordergrund tritt vielmehr die muntere Plauderei sowie die Möglichkeit, noch einmal zum Besten zu geben, wie Onkel Heinz auf dem Rastplatz Allertal Tante Gerdi mit dem Benz über den Fuß gefahren ist. Hierin liegt die große Gefahr bei der Spielweise der WadA. Denn: Gelingt es Ihnen, auf Plauderei und Anekdoten zu verzichten, sind Sie dank Ihres großen Wissensschatzes stets Garanten für ein erfolgreiches Quiz.

STRICTLY QUIZNESS

Sind Sie im Stress? Wieder von Kategorie zu Kategorie gehechtet und nicht mal geschafft, das Jour-Quiz-Protokoll der letzten Runde zu schreiben? Wieder über Stunden auf die nächste Runde vorbereitet, bis der Briefkopf geraucht hat? Keine Sorge! Irgendwann wird sich das alles auszahlen. Vielleicht ja schon jetzt, wenn es heißt: »Strictly Quizness«. Sie kennen alle Einstellungen des Büro-Kopierers von »Sortieren und Tackern« bis »Teeren und Federn«? Sie wissen, wo im Büro die Karriereleiter steht und können einen Kalbsfonds von einem Hedgefonds unterscheiden? Na, prima! Dann zeigen Sie es den Kollegen am Nebentisch und verdienen Sie sich ihre Gratifikation und die goldene Eulenfeder am Band. Lunch is for wimps,

Wanda Eule

KATEGORIE 1

Strategisches Denken

1. Hallo, Wirtschaftsstudenten! Nennen Sie drei der fünf Komponenten der Branchenstruktur, die Management-Theoretiker Michael Porter in seiner Branchenstrukturanalyse benennt!

2. Welchen heute geläufigen Begriff prägte 1947 der ungarische Politiker Zoltán Pfeiffer und bezeichnete damit die Strategie der kommunistischen Partei Ungarns, in kleinen Schritten immer mehr Macht zu übernehmen?

3. Welcher Spieler ist bei einem Offensiv-Spielzug beim American Football als Erster im Ballbesitz?

4. Laut einer Studie aus dem Jahr 2010 reagieren deutsche Frauen am ehesten auf den Anmachspruch »Du hast schöne ...«?

5. Was bezeichnet der Begriff »Gabel« beim Schach (!)

(!) BESTE FALSCHE ANTWORT: **Spielunterbrechung (Nahrungsaufnahme)**

KATEGORIE 2

Sternzeichen: Business Consultant

1. Welche Tiere bezeichnen im Börsenvokabular anhaltend steigende und anhaltend sinkende Kurse?

2. Wodurch kam der amerikanische Börsen- und Finanzmakler und Vorsitzende der Technologie-Börse NASDAQ Bernie Madoff 2008 in die Presse?

3. Welche deutsche Stadt ist Standort der meisten DAX-Unternehmen!

4. Wie hieß der langjährige Firmenpatron des ThyssenKrupp-Stahlkonzerns, der im Jahr 2013 99-jährig noch den Aufsichtsratsvorsitzenden Gerhard Cromme entließ?

5. Sortieren Sie folgende Geldanlagen nach ihrer Risikoklasse von »wenig Risiko« bis »chancenorientiert«!

   (a) Aktienfonds mit europäischen Nebenwerten
   (b) Geldmarktfonds
   (c) Futures und Optionsscheine
   (d) Festverzinsliche Wertpapiere
   (e) Genussscheine

KATEGORIE 3

Arbeitgeber aktuell

1. Wie lautet der Begriff aus den Wirtschaftswissenschaften, der Unternehmen bezeichnet, die vom Marktanteil Nr. 1, Nr. 2 oder Nr. 3 auf dem Welt- oder Heimatmarkt, in der Öffentlichkeit aber kaum bekannt sind?

2. Sortieren Sie diese McDonald's-Slogans aufsteigend in die richtige Reihenfolge von alt bis jung:

   (a) Gut, dass es McDonald's gibt.
   (b) Ich liebe es.
   (c) Every time a good time.
   (d) McDonald's ist einfach gut!
   (e) Der Platz, wo Du gern bist, weil man gut isst!

3. Wie heißt die österreichische Variante der Lebensmittelkette »Plus«?

4. Wie heißt das einzige DAX-notierte Unternehmen aus Hamburg?

5. In Japan existieren über 40 Kliniken, die sich auf sog. »Karoshi«-Fälle spezialisiert haben. Was ist damit gemeint **(!)**

(!) BESTE FALSCHE ANTWORT: Unfälle mit Bürogeräten (z. B. Kopierer)

KATEGORIE 4

Dienstreisen

1. Die »Kettenschifffahrt« stand im 19. und 20. Jahrhundert für eine Revolution in der Fortbewegung auf deutschen und französischen Flüssen. Wie funktionierte diese?

2. Wie schwer darf ein Handgepäckstück bei der deutschen Lufthansa sein?

3. Welchen sportwissenschaftlich fragwürdigen Besuch machte die dänische Fußballnationalmannschaft vor dem legendären EM-Halbfinalsieg 1992 gegen Holland?

4. Welches ist der größte Weltraumbahnhof der Welt?

5. Im Märchen *Hans im Glück* hat die Figur Hans nach mehreren Tauschgeschäften statt eines kopfgroßen Klumpens Gold nur noch einen Stein. Welche vier Tiere besitzt er dazwischen?

KATEGORIE 5

Traumberufe

1. Welches Hotel managte der Hotelier Lennie Berger in den neunziger Jahren?

2. Wie hießen die beiden Co-Trainer unter der Ägide von DFB-Nationaltrainer Erich Ribbeck?

3. Welchen Beruf übt Super Mario aus?

4. Welcher Beruf wird angestrebt, wenn als erster Schritt die PPL-A erworben werden muss?

5. Beamte haben das Recht zur »Remonstration«. Was heißt das?

KATZEN WÜRDEN QUIZKAS KAUFEN

Huhu, Pfennigfuchser! Sie können fehlerfrei die Preise von Äpfeln mit denen von Birnen vergleichen und wissen sofort, wo der Deinhard steht? Sie sind der richtige Ansprechpartner im Zoofachgeschäft, wenn es darum geht, ob ein Red Bull auch domestiziert im heimischen Garten überleben kann? Na prima! Zeigen Sie, dass hinter Ihrer IKEA-Bauanleitung immer ein kluger Kopf steckt, und sammeln Sie auch in dieser Runde möglichst viele Treuepunkte. Eine Scheibe auf die Faust für jede richtige Antwort gibt's für jeden von

Wanda Eule

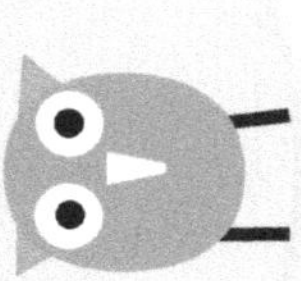

KATEGORIE 1

Hinten bei den Gemischtwaren

1. In Deutschland war die »geobra Brandstätter GmbH« der erste Produzent von Hula-Hoop-Reifen. Mit welchem beliebten Spielzeug verdient diese Firma heute das meiste Geld?

2. Wie heißt das Fitness-Gerät, für das Chuck Norris seinerzeit im Fernsehen Werbung machte?

3. Wie heißt der französische Designer, der die raketenförmige Zitronenpresse »Juicy Salif« entwarf?

4. Wie lang ist ein handelsüblicher deutscher Bettbezug mit Übergröße?

5. Der Verkäufer im Baumarkt empfiehlt Ihnen auf die Frage, wie Sie das Wellblech auf der Gartenlaube befestigen können, es doch einfach »dranzuspaxen«. Was meint er damit?

KATEGORIE 2

Das bisschen Haushalt

1. Nennen Sie die Marken, die mit den folgenden Claims beworben werden/wurden:
   (a) Nicht nur sauber, sondern rein!
   (b) Dann klappt's auch mit dem Nachbarn.
   (c) ... weiß, was Frauen wünschen.
   (d) Er hat überhaupt nicht gebohrt!
   (e) Nur echt mit der Goldkante.

2. Mit welchem haushaltsüblichen Zusatz erreicht man, dass angerührter Gips schneller hart wird?

3. Für die Forschung an welcher bekannten Haushaltsplage erhielt die Biologin Christiane Nüsslein-Volhard 1995 den Nobelpreis?

4. Welche Nation gilt als Erfinder des Toilettenpapiers?

5. Wo im Haushalt finden Sie einen »Perlator«?

KATEGORIE 3

Weg da, Pfiffi!

1. Wie heißen die Tiere von:
   (a) Wilbur Post
   (b) Richard Moser
   (c) Tarzan
   (d) Jon Arbuckle
   (e) Gaby Glockner

2. Welche beiden Tiere sind schon seit den frühsten Darstellungen verbindlicher Teil einer Weihnachtskrippe?

3. Welches Haustier füllte 1994 das Sommerloch mit einem Spontanausflug in einen Baggersee nahe Dormagen im Rheinland?

4. Welche Besucher im heimischen Schlafzimmer besang die Band Fettes Brot im Jahr 1996?

5. Dieses weltweit am meisten verbreitete und gehandelte Haustier gilt in China und Japan als Glücks- und Fruchtbarkeitssymbol. Welches Tier suchen wir?

KATEGORIE 4

Heim und Garten

1. Sortieren Sie folgende Pollen nach ihrem ersten Auftreten im Jahr:

(a) Birke
(b) Haselnuss
(c) Linde

2. Welches Naturphänomen wird als Lotuseffekt bezeichnet?

3. Das Handbuch *Der duftende Garten* ist Teil welches Technikratgebers?

4. Welcher Comedy-Star darf sich auf die Internationale Gartenschau im Jahr 2017 in ihrer Heimat freuen?

5. Vervollständigen Sie folgendes Zitat vom Dalai Lama: »Ich bin für Gewaltlosigkeit. Aber wenn ein Habicht auftaucht, während ich andere Vögel füttere, kann ich mich nicht beherrschen. Dann hole ich ...« **(!)**

(!) BESTE FALSCHE ANTWORT: ... die Polizei.

KATEGORIE 5

Hello, Kitty!

1. Welche aus dem Internet berühmte Katze ist für ihr grimmiges Aussehen bekannt?
2. Wogegen ist man konkret allergisch, wenn man unter Katzenhaarallergie leidet?
3. Was ist der Hauptgrund für einen Kater nach übermäßigem Alkoholgenuss?
4. In welchen Batman-Filmen hat auch Catwoman einen Auftritt?
5. Welche Geschmacksrichtung können Katzen nach Ansicht von Forschern nicht erkennen?

HERE'S THE SEX QUIZTOLS

Hey, Punks! Habt ihr aufgepasst im Anarchismus-Seminar? Könnt ihr aus einem kleinen Bier und Salzbrezeln Molotow-Cocktails bauen und wisst, welche Akkorde man falsch spielen sollte, um als Gitarrist in der lokalen Punk-Kombo genügend Credibility abzugreifen? Dann stellt eine schlagkräftige Terrorgruppe zusammen (keine Nieten – außer am Gürtel) und haut mal ordentlich auf den Kauz! Porsche, Genscher, Hallo HSV!

Wanda Eule

KATEGORIE 1

Ich möchte Teil einer Jugendbewegung sein

1. Wovon ist die Rede, wenn Popper Begriffe wie »Schwenker« oder »Elbtunnel« benutzen?

2. Wie nennen sich die Twitter-Follower von Justin Bieber?

3. Wofür steht der Begriff »Club 27« bzw. »27 Club«?

4. Wie heißt der Roman von Ödön von Horváth, in dem er die Charakter-, Gedanken- und Lieblosigkeit von Jugendlichen im Dritten Reich anprangert?

5. Welches war das Lieblingsgefährt der britischen Jugendkulturbewegung »Mods«?

KATEGORIE 2

Die große Teenie-Party

1. Welches flüssige Teenie-Accessoire besteht hauptsächlich aus Benzolperoxid, Schwefel, Resorcin, Triclosan oder Salicylsäure?

2. Sortieren Sie folgende Adoleszenz-Romane nach ihrem Erscheinungsjahr von alt bis jung!

(a) *Der Fänger im Roggen*
(b) *Die Leiden des jungen Werther*
(c) *Oliver Twist*
(d) *Das Dschungelbuch*
(e) *Die wunderbare Reise des Nils Holgersson*

3. Bis wie viel Uhr dürfen sich Jugendliche über 16 Jahren ohne Begleitung einer personensorgeberechtigten oder erziehungsbeauftragten Person in Gaststätten aufhalten?

4. Wo spielt das Video zum Song »Smells Like Teen Spirit« von Nirvana aus dem Jahr 1991?

5. Nennen Sie die vier Moderatoren der früheren ARD-Musikvideosendung *Formel Eins*!

KATEGORIE 3

Knall auf Fall

1. Wie nennt man die Selbstmach-Konstruktionen aus Polypropylenrohren, die mit Hilfe von Druckluft oder Verbrennung von Gasen z.B. Golfbälle auf bis zu 250 km/h beschleunigen können?

2. Wie nennt sich die Billardvariante, bei der es nur darum geht, mit einer weißen Kugel jeweils eine rote und eine gelbe Kugel zu treffen, ohne sie jedoch versenken zu müssen?

3. An welchen Tagen im Jahr darf in Deutschland mit Knallkörpern geschossen werden?

4. Wovon ist die Rede, wenn der Aufschlag eine Form der Naturverjüngung ist?

5. Beim Durchbrechen der Schallmauer knallt es. Welches vom Menschen geschaffene, handliche Objekt war das erste, das die Schallmauer durchbrach?

KATEGORIE 4

Für immer jung

1. Wie lautet der Fachbegriff für das Einfrieren des menschlichen Körpers bei -196 Grad, um sämtliche Bioaktivität im Körper zu stoppen?

2. Welchen Beruf beherrscht der Protagonist aus dem Roman *Der Hundertjährige, der aus dem Fenster stieg und verschwand*?

3. Wie heißt der Roman von Oscar Wilde, dessen Titelheld ein Porträt von sich besitzt, das im Gegensatz zu ihm selbst altert?

4. Ergänzen Sie folgende Redensart: »Hinten Lyzeum, vorne ...«?

5. Auf diesem Gemälde von Lucas Cranach dem Älteren sieht man links alte und gebrechliche Menschen und rechts junge, gesunde und hübsche. Was befindet sich in der Mitte dieses Bildes?

KATEGORIE 5

Pöbel und Gesocks

1. Wie heißt das – auch von Punks gerne verwendete – Webmuster aus Schottland?

2. Woher tragen Springerstiefel ihren Namen?

3. Sie plündern einen Supermarkt und kurz vor der Kasse fällt Ihnen ein, dass der Irokesenschnitt demnächst nachgezogen werden muss. Welche Zutat bräuchten Sie neben Zucker, um sich eine Paste zur Epilierung ihrer Haare anzufertigen?

4. Wo fanden 1995 die Chaostage statt, in deren Rahmen sich rund 2000 Polizisten und 3000 Punks Straßenschlachten lieferten?

5. Sortieren Sie die folgenden Albumtitel den richtigen Bands zu

   (a) *Never Mind the Bollocks*
   (b) *Punk's Not Dead*
   (c) *London Calling*
   (d) *Walk Among Us*

   (1) The Clash
   (2) Sex Pistols
   (3) Misfits
   (4) The Exploited

»Bulgarien 1980?
8 Gold – 16 Silber – 17 Bronze!«

SPIELERTYP IV

Die Quiz-Nerds

Die Spezies der Nerds darf beim Kneipenquiz natürlich nicht fehlen. Sie haben ein gutes Gedächtnis und sind – im Unterschied zu eher emotional intelligenten Mitspielern – 100 % faktenorientiert. Das Kneipenquiz ist für sie der perfekte Ort, alles (nutzlose) Wissen über Beziehungsgeflechte innerhalb der Raumschiff-Orion-Besatzung, die schönsten Wanderrouten in Mittelerde oder die feinen Details der Torjägerliste der Fußball-Oberliga Westfalen endlich einmal zu versilbern. Hier ist ihre Bühne. Hier darf endlich alles einmal rausgehauen werden. Hier sagt keiner »Du, ich muss los«, wenn die Q. ansetzen, um über eines ihrer Paradethemen zu referieren.

Die Stärken der Q. liegen neben ihren präzisen Kenntnissen zu Spezialgebieten – oft Technik, Sport, Pop und Film – vor allem in ihrer großen Liebe zu Zahlen, Daten und Statistiken. Ihre Fähigkeit, Lösungen über die verschlungensten Erinnerungspfade herzuleiten, machen sie zur wandelnden Enzyklopädie. Wie einen Computer muss man Q. mit Anfragen füttern und sie werden im Handumdrehen ausspucken, was ihnen einfällt. Am liebsten sind ihnen Jahreszahlen, die dann in Verbindung mit einem weiteren Stichwort in ihnen alles zur gewünschten Kombination hervorholen lassen. Zu »1994« und »Politik« werden sie das Bundestagswahlergebnis samt Überhang- und Ausgleichsmandaten servieren, zu »1980« und »Olympia« den Medaillenspiegel herunterbeten, nicht ohne hervorzuheben, dass Bulgarien, auch aufgrund des Boykotts der Weststaaten, einen beeindruckenden dritten Platz belegen konnte. Für diese Fähigkeiten genießen Q. großes Ansehen im Team und sehen sich auch schon einmal durch Anwerbungsversuche anderer Gruppen beehrt. Dennoch darf man nicht verhehlen, dass Q. nicht unumstritten in der Spielgemeinschaft sind. Denn auch wenn man ihre Fähigkeit, aus scheinbarem Datenmüll Gold zu machen, schätzt, neigen sie gleichermaßen dazu, das Quiz an sich zu reißen und vor lauter Erregung die Fragen im Alleingang zu beantworten. In der Praxis bedeutet dies, dass Q. von Beginn an die Rolle des »Schriftführers« einnehmen wollen, um in jeder Fragerunde, ohne viel diskutieren zu müssen, schon einmal alle Antworten eintragen zu können, die sie kennen bzw. zu kennen glauben. Dieses Verhalten steigert das Frustpotenzial für das übrige Team und wird nicht eben dadurch minimiert, dass Q. alternativen Lösungsvorschlägen zumeist nur mit einem abwesenden Blick, bestenfalls mit einem »Ja, kann sein« begegnen.

Der richtige Umgang mit Q. will also gelernt sein, um ihre Potenziale zur vollen Entfaltung zu bringen, ohne dabei Auseinandersetzungen und Anfeindungen innerhalb des Teams zu riskieren. Hier ist Fingerspitzengefühl gefragt. Geben Sie den Q. den Raum, den sie brauchen, und reißen Sie ihnen zur Not den Stift aus der Hand!

QUIZTOPHER STREET DAY

Hallöchen, liebe Bi-, Trans- und Intellektuelle! Schrill, farbenfroh und quietschig präsentiert sich die internationale Quizszene in diesem Kapitel. Ob Quizzly-Bären mit Federkulis, Rateteams in Lederkluft oder bildungshungrige Bikini-Tänzerinnen, es sollte kreativ zugehen beim Quiztopher Street Day. Also rein ins kinky Outfit und Flagge zeigen auf der Demonstration des Halbwissens. Stets vorneweg im Federkleid

Wanda Eule

KATEGORIE 1

Queer

1. In welchem europäischen Land war die gleichgeschlechtliche Ehe als Erstes möglich?

2. Unter welchem Pseudonym gelangte der finnische Illustrator Touko Laaksonen zu Berühmtheit in der Bodybuilder- und Leder-Szene?

3. Wie viele Farben hat die Regenbogenfahne der Lesben- und Schwulenbewegung?

4. Was bezeichnet der Begriff »Hanky Code«?

5. Wie hieß der Hamburger Innensenator, der in den sechziger Jahren in öffentlichen Toiletten durchsichtige Spiegel installieren ließ, um der Polizei die Möglichkeit zu geben, Toilettengäste vor den »ekelerregenden Belästigungen« durch Schwule zu schützen?

KATEGORIE 2

Stolz und Vorurteil

1. Welche Prämie erhielt die deutsche Frauen-Fußball-Nationalmannschaft für den Gewinn der Europameisterschaft 1989?

2. Für einen Skandal sorgte die Autorin Sibylle Lewitscharoff im Frühjahr 2014, weil sie in einer Rede wen oder was als »Halbwesen« bezeichnete? (!)

3. Ein Film über eine Filmfigur, die mit Stereotypen und Vorurteilen der Amerikaner spielt, trägt den Untertitel »Kulturelle Lernung von Amerika, um Benefiz für glorreiche Nation von Kasachstan zu machen«. Wie heißt diese?

4. Mit der These, die Emanzipation sei ein »fataler Irrtum« gewesen, reüssierte diese nebenberufliche Autorin im Jahr 2006. Sie schreibt, Frauen sollten die »schöpfungsgewollte Aufteilung« der Geschlechter respektieren und sich ihrer biologischen Bestimmung entsprechend verhalten. Von wem ist die Rede?

(!) BESTE FALSCHE ANTWORT: **Die FDP**

5. Aus welchem Land kommen die sogenannten Battyman-Tunes, die teilweise offen zur Gewalt gegen Schwule aufrufen?

KATEGORIE 3

Randgruppen und Außenseiter

1. Die Ausstrahlung welchen Films in der ARD gilt als Auftakt der Schwulenbewegung in Deutschland 1973?

2. Nennen Sie die Bands dieser Musiker!

(a) Bruce Springsteen
(b) Mike Rutherford
(c) Marky Mark
(d) Gladys Knight

3. Welches Land hat die geringste Ausländerquote der Welt?

4. Welchen Beruf übte David aus, bevor er Goliath mit einer Steinschleuder tötete?

5. Bundeskanzler Gerhard Schröder nannte das damalige Bundeministerium für Familie, Senioren, Frauen und Jugend abfällig auch mal nur das »Ministerium für Frauen und ...«?

KATEGORIE 4

Protest

1. Welcher Romanheld beschließt an seinem dritten Geburtstag nicht weiter zu wachsen?

2. Welchen Decknamen legte sich der Lübecker Politiker Herbert Frahms 1934 im Widerstandskampf gegen das NS-Regime zu?

3. Da ihnen von der FIFA ein zentraler Bestandteil ihrer Spielweise verboten wurde, trat die indische Fußballnationalmannschaft kurzerhand von der Teilnahme an der Weltmeisterschaft 1950 zurück. Was hatte ihnen die FIFA verboten? (!)

4. Was versteht man unter dem Begriff »Appellation«?

5. Welche Republik räumten Polizei und Bundesgrenzschutz am 4. Juni 1980?

(!) **BESTE FALSCHE ANTWORT: Letzter Mann macht Hand.**

KATEGORIE 5

Alle auf die Straße!

1. Wie hieß das Motto der ersten Love-Parade?

2. In welcher Farbe wird der Chicago River traditionell am 17. März gefärbt?

3. Welcher Architekt erbaute die Tribünenstraße Sambódromo da Marquês de Sapucaí in Rio, auf der jährlich die Karnevalsparade abgehalten wird?

4. In einer Fußgängerzone pachten Sie eine Currywurstbude. Natürlich haben Sie sich vorab gut informiert: Wann wird die Currywurst mit dem ermäßigten Satz von sieben Prozent besteuert?

5. Was versteht man unter dem Begriff »Defiliercour«?

QUIZTORY CHANNEL

Rückwärtsgewandtheit, liebe Quizfreunde, ist hipper denn je. Und sollten Sie am liebsten von Guido Knopp in den Schlaf gemurmelt werden und der Meinung sein, dass nach dem Gameboy ohnehin kein Computer mehr mithalten konnte, dürfen Sie sich ab jetzt die Hände reiben. Schlagen Sie der Mode ein Schnippchen, kultivieren Sie Ihre Ewiggestrigkeit und beweisen Sie den Opfern des Zeitgeists, dass auch Schneebälle von gestern ordentlich wehtun können. Das rote Q des Quiztory Channel blinkt in den Augen Ihrer Mitspieler und Sie sind gewiss: Gestern war heute Morgen und Tradition schlägt jeden Trend. Für immer zeitlos,

Wanda Eule

KATEGORIE 1

Ganz was Neues

1. Welche Organisation stellte 1996 mit einem umgebauten Renault Twingo Smile das erste Drei-Liter-Auto vor?

2. Welches Phänomen aus dem Fußballstadion war erstmals bei der Weltmeisterschaft 1986 in Mexiko zu bestaunen? (!)

3. Sortieren Sie folgende Attraktionen aus dem Heide-Park Soltau nach dem Jahr ihrer Eröffnung:

(a) Holzachterbahn Colossos
(b) Achterbahn Big Loop
(c) Achterbahn Limit
(d) Schweizer Bobbahn
(e) Krake

4. 1994 brachte die Firma Casio die Uhr CMD-40 auf den Markt. Welche besondere Gabe hatte diese Uhr?

5. Wie heißt der Assistent von Daniel Düsentrieb?

(!) BESTE FALSCHE ANTWORT: **Rasenheizung**

KATEGORIE 2

Mit Kompass und Echolot

1. Der Wissenschaftler Alexander von Humboldt unternahm zahlreiche Forschungsreisen u. a. nach Südamerika und Asien. Mit sich führte er stets eine stattliche Anzahl an Messinstrumenten. Was misst man mit den folgenden?

(a) Hygrometer
(b) Anemometer
(c) Cyanometer
(d) Sextant

2. Wie hieß das größte Luftschiff aller Zeiten, das am 6. Mai 1937 bei der Ankunft in Lakehurst Feuer fing und innerhalb von Sekunden in Flammen aufging?

3. Durch ihre Forschungsreisen auf welchem Kontinent wurden David Livingstone und Henry Morton Stanley berühmt?

4. Für welche Romanfigur soll der verschleppte Ureinwohner Feuerlands Jemmy Button, der auf der HMS Beagle mit Charles Darwin zwischen 1832 und 1836 nach Südamerika reiste, Pate gestanden haben?

5. Wie hieß der Schiffsinspektor, dessen Beschriftungen von Schiffsrümpfen im Zweiten Weltkrieg als eine Frühform von Graffiti und Streetart beschrieben werden?

KATEGORIE 3

Krieg und Frieden

1. Welche Schlacht im Jahre 9 n. Chr., bei der ein Achtel des Gesamtheeres des Römischen Reichs vernichtet wurde, leitete das Ende der römischen Bemühungen ein, die rechtsrheinischen Gebiete Germaniens bis zur Elbe zu einer Provinz des Römischen Reichs zu machen? (!)

2. Welcher bekannte Magier wurde als israelischer Fallschirmjäger 1967 im Sechstagekrieg verwundet?

3. In welcher Disziplin messen sich die Kombattanten im »Battle of the Year«?

4. Welcher amerikanische Schauspieler und Komiker führte in einer 1975 erschienenen satirischen Filmfassung des Tolstoi-Romans *Krieg und Frieden* Regie?

5. Mit welchem Spruch beendete der römische Kriegsherr Cato Censorius viele seiner Reden? (!!)

(!) BESTE FALSCHE ANTWORT: **Völkerschlacht bei Leipzig**
(!!) BESTE FALSCHE ANTWORT: **»Ich muss jetzt los.«**

KATEGORIE 4

Die Erfindung des Rads

1. Anfang der neunziger Jahre sorgte der Hersteller Toyota für die sogenannte »zweite Revolution in der Automobilindustrie«. Wodurch?

2. Was versteht man unter einem »Dreischnell«?

3. Welches beliebte rote Fahrzeug, das zum ersten Mal 1972 vom Band lief, stellt die »Simba Dickie Group« aus Fürth her?

4. Wer auf dem »Millennium Wheel« bzw. auf »The ___ Eye« in 135 m über dem Erdboden schwebt, befindet sich in welcher Stadt?

5. Wie hieß der Kompaktklassewagen der jugoslawischen Zastava Automobili AD, der 1986 erstmals vorgestellt wurde und auch in Deutschland erhältlich war?

KATEGORIE 5

Jahrestage

1. Welches ist der längste Monat des Jahres?
2. Das Jahr 1978 war ein besonders ereignisreiches Jahr im Vatikan. Wie wird dieses Jahr auch genannt?
3. Welche TV-Übertragung verfolgten am 29. Juli 1981 weltweit über 750 Millionen Fernsehzuschauer?
4. Wir schreiben das Jahr 2015 – und zwar als römische Zahl!
5. Nach welchem Ereignis ist die Straße des 17. Juni benannt?

KALLE BLOMQUIZ

Meisterdetektive, scharfsinnig haben Sie es gleich durchschaut: In diesem Quiz kann nur bestehen, wer Lupe und Pinzette schneller zieht als sein Schatten. Wenn Sie Onkel Björk also nicht mit Kommissar Wallander verwechseln und inkognito blind zwischen Police Plaza und Baker Street navigieren können, dann heulen die Hunde von Baskerville in dieser Runde vielleicht nur für Sie!

Wanda Eule

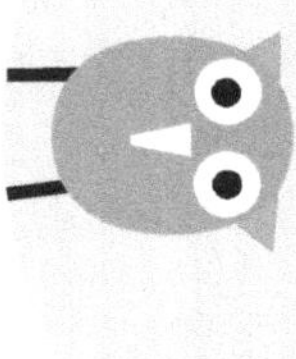

KATEGORIE 1

Meisterdetektive

1. Nennen Sie die bürgerlichen Namen der vier Helden von *TKKG*!

2. Eine Gruppe von Kindern befindet sich in einer imaginären Diskothek. Während sie tanzen, geschieht ein Verbrechen, das nun von einem herbeigerufenen Detektiv aufgeklärt werden muss. Wie heißt dieses Spiel, das besonders auf Kindergeburtstagen große Beliebtheit genießt?

3. In welcher HBO-Krimiserie spielen unter anderem Woody Harrelson und Matthew MacConaughy die Hauptrollen?

4. Der Aufbau polizeilicher Melderegister zu Anfang des 20. Jahrhunderts begründete sich vor allem auf der sogenannten »Perseveranzhypothese«. Was steckt hinter diesem Begriff?

5. Im Film *00 Schneider – Jagd auf Nihil Baxter* spielt Helge Schneider vier Rollen. Welche?

KATEGORIE 2

Vom Öresund nach Lyngby

1. Schweden gilt als das Land, in dem vielleicht als erstes eine jahrhundertealte Erfindung aus dem Finanzsektor wieder vollständig abgeschafft wird, um Korruption und Diebstahl einzudämmen. Wovon ist die Rede?

2. Schweden ist ein Einheitsstaat. Was bedeutet das?

3. Ihr Schweden-Urlaub soll nicht von aggressiven Mücken versaut werden, weshalb Sie vor der Abreise noch schnell den 1946 vom US-Militär entwickelten Wirkstoff in den Kulturbeutel stecken, der als mitunter effektivster Mückenschutz gilt. Wie heißt er noch gleich?

4. Von welchen Maschinen handeln die Dokumentarfilme der Reihe *Getaway in Stockholm*?

5. Woher stammt der Begriff »Schwedische Gardinen«?

KATEGORIE 3

Petzi und seine Freunde

1. Wie heißt der Besen von Barbara Blocksberg?
2. Was ist das Leibgericht von Petzi? **(!)**
3. In welchem Märchen haben die Schwestern Gold- und Pechmarie Bewährungsproben zu bestehen, die z. B. daraus bestehen, einen reifen Apfelbaum zu schütteln oder ein verbrennendes Brot aus dem Ofen zu holen?
4. Welche Namen haben folgende Mitbürger von Asterix und Obelix?

   (a) Fischer
   (b) Schmied
   (c) Barde
   (d) Gattin des Häuptlings

5. Wie heißt die Lok, die von Lukas dem Lokomotivführer gefahren wird?

(!) BESTE FALSCHE ANTWORT: Saftgulasch

KATEGORIE 4

Lach- und Sachgeschichten

1. Welches meistverkaufte Werk der deutschen Literatur erschien erstmals am 20. Dezember 1812?

2. Die Farbe Gelb steht bei den Reclam-Heften für Klassiker der Literatur. Wofür stehen die Farben Rot, Blau und Orange?

3. Aus welchen vier Teilen setzt sich Richard Wagners *Ring des Nibelungen* zusammen?

4. Wie heißt der hartherzige Geizkragen, der in Charles Dickens' *Weihnachtsgeschichte* Besuch von drei Geistern bekommt?

5. Wie heißt der Nachbar von Peter Lustig?

KATEGORIE 5

Köttbullar und Knäckebrot

1. Im deutschen Recht wurde 2002 der IKEA-Paragraph bzw. die IKEA-Klausel eingeführt, die etwas mit der Beanstandung von Waren zu tun hat. Was besagt sie?

2. Im Rahmen welcher amerikanischen Fernsehsendung erlangte seit 1976 der »Swedish Chef« durch seine unorthodoxen Zubereitungsarten große Berühmtheit?

3. Welche Eigenschaft ist signifikant für ein Schwedenrätsel im Vergleich zu anderen Kreuzworträtseln?

4. »Volvo« ist ein lateinischer Ausdruck. Was bedeutet er?

5. Welcher weltweit führende Anbieter von Verarbeitungs- und Verpackungssystemen aus Schweden ist mit seinen Produkten mit großer Wahrscheinlichkeit in jedem Haushalt zu finden?

»Seid ihr euch da wirklich sicher?«

SPIELERTYP V

Die Zweifler

Es gibt die Runden im Quizsport, in denen es einfach läuft: Die Fragen sind gestellt, die eine oder andere muss vielleicht kurz diskutiert werden, manch andere sind nicht einmal der Rede wert und werden schnell auf dem Antwortzettel notiert. Im Großen und Ganzen lässt dann die richtige Schreibweise des einen oder anderen Begriffs noch den einzigen Anlass zum diskursiven Austausch. Während die ersten Teammitglieder gedanklich schon an der Theke oder mit der Zigarette vor der Tür stehen und im Kopf vielleicht schon den aktuellen Punktestand errechnen, erklingt es plötzlich wie aus dem Nichts aus einer Ecke des Teams, nicht laut, aber doch ziemlich deutlich: »Seid ihr euch da wirklich sicher?« In diesem Augenblick werden sich die übrigen Teammitglieder in der Regel anschauen, vielleicht noch einmal einen Blick auf den Lösungszettel werfen und sich dann aber darüber einig sein, dass sie sich ziemlich sicher mit der Antwort sind. Zumindest bis eben.

Die Z. sind vielleicht die spannendste Spezies unter den Quiztypen, allein schon deshalb, weil sie, ohne, dass sie mehr Lösungen als die anderen Teammitglieder beizutragen hätten, ein Quiz allein entscheiden können. Nicht immer lenken sie die Geschicke des Teams allerdings in die richtige Richtung. Vielmehr reißen die Z. durch ihre Skepsis den Rest des Teams aus ihrer doch eigentlichen unbeirrbaren Gewissheit und Selbstsicherheit, bis sich die Zwiespälte nur so auftun, sie sich in wilden Grabenkämpfen verlieren und sich am Ende fragen werden, wie sie nur alle davon überzeugt sein konnten, dass diese Antwort die richtige war. Kurzerhand wird diese dann durchgestrichen und lieber schnell doch noch die Alternativlösung daneben gekritzelt, der die meisten Teammitglieder jetzt noch zustimmen können. Die Uneinigkeiten sind dann in der Regel auch schnell wieder vom Tisch. Spätestens dann, wenn der Quizmaster auflöst und alle wieder gemeinsam, als echte Einheit hoffen, dass bei der Auswertung vielleicht doch die durchgestrichenen Antworten mitberücksichtigt werden.

Mögen Szenen wie diese auch gegen einen Einsatz der Z. im eigenen Team sprechen, so darf nicht vergessen werden, dass diese durchaus für das Teamgefüge nützlich sein können. Die Z. sind das Korrektiv eines jeden Quizteams. Sie denken noch einmal über die gestellten Fragen nach, weisen möglicherweise auf besondere Formulierungen oder Bestandteile der Fragestellungen hin, die das Team gar nicht wahrgenommen hat, und sind die wesentlichen Garanten dafür, leichtfertige Flüchtigkeitsfehler bei der schnellen Beantwortung zu vermeiden. Der richtige Umgang mit den Einwänden der Z. ist deshalb immer auch ein Ritt auf der Rasierklinge. Für die anderen Teammitglieder liegt dann auch die Kunst darin, die Bemerkungen der Z. richtig einordnen und abschätzen zu können, wann sie diesen nachgehen und wann sie lieber so tun sollten, als ob sie diese nicht hören. Im Zweifel mit den Z. heißt da dann einfach: Ohren zu und durch!

QUIZ DASS DER TOD EUCH SCHEIDET

Graubraune, anspruchsvolle Waldohreulendame (Akademikerin!) mit Faible für klare Ansagen sucht aufgeschlossenes Quizteam. Sie (maximal zu fünft, halbwegs gebildet, schöne Handschrift) können sich vorstellen, um meine Kralle anzuhalten? Dann beantworten Sie die Fragen dieser Kategorie rund um die Themen Liebe, Ehe und Familie korrekt und heben ab in den siebten Himmel mit mir. Bitte nur halbwegs ernst gemeinte Antworten an:

Wanda Eule

KATEGORIE 1

Die liebe Familie

1. Wie hoch ist der monatliche Kindergeldbetrag für das erste Kind gemäß § 66 Abs. 1 EStG?

2. Wie werden in der sizilianischen Mafia die Mitglieder der untersten Hierarchiestufe genannt?

3. Sortieren Sie diese Familien nach der Anzahl ihrer Mitglieder

(a) Familie Winslow aus *Alle unter einem Dach*
(b) Familie Huxtable aus der *Bill Cosby-Show*
(c) Familie Bundy aus *Eine schrecklich nette Familie*
(d) Familie Tetzlaff aus *Ein Herz und eine Seele*

4. Welche Vorfahren teilt man mit einem Cousin oder einer Cousine 3. Grades?

5. Welche Berufsbezeichnungen stecken hinter folgenden Familiennamen?

(a) Schröder
(b) Schulz
(c) Krüger
(d) Meier
(e) Böttcher

KATEGORIE 2

Lovestorys

1. Sortieren Sie die folgenden Ehen nach der Länge ihrer Laufzeit!
   - (a) Eva Longoria und Tony Parker
   - (b) Dieter Bohlen und Verona Feldbusch
   - (c) Britney Spears und Jason Alexander

2. Mit welcher dänischen Schauspielerin und Sängerin war der Rapper Flavor Flav in den nuller Jahren verlobt?

3. Wie beendete Jimmy Wales die Beziehung zu seiner Freundin Rachel Marsden im Jahr 2006?

4. Ordnen Sie folgende Kindernamen ihren berühmten Eltern zu!
   - (a) Brooklyn Joseph, Romeo und Cruz
   - (b) Jaden und Jade
   - (c) Johan Riley Fyodor Taiwo Samuel und Henry Günther Ademola Dashtu Samuel
   - (d) Lourdes Maria und Rocco John
   - (e) Wilson Gonzales, Jimi Blue und Cheyenne Savannah

(1) Uwe und Natascha Ochsenknecht
(2) Gerald und Linda Asamoah
(3) Madonna
(4) Heidi Klum und Seal
(5) David und Victoria Beckham

5. Wie heißen die verfeindeten Familien in der Tragödie *Romeo und Julia*?

KATEGORIE 3

Ein toller Spaß für Groß und Klein

1. Welche vier Bedürfnisse hat ein Tamagotchi?

2. Um welche Trophäe spielten die konkurrierenden Teams in der TV-Spielshow *Familienduell*?

3. Welches Land war im Jahr 2012 das am häufigsten angesteuerte Urlaubsziel der Deutschen?

4. Welche Freizeitparks findet man in folgenden Städten?

(a) Hodenhagen, Niedersachsen
(b) Rust, Baden-Württemberg
(c) Brühl, NRW
(d) Sierksdorf, Schleswig-Holstein

5. Welches nicht mehr aktive Trio gilt als erfolgreichste Familien-Band der Welt?

KATEGORIE 4

Ein Bund fürs Leben

1. Mit welchem Trick überraschte Jesus von Nazareth auf der Hochzeit zu Kana? (!)

2. Wie heißt das Dokument, aus dem die jährlich aktualisierten fälligen Sätze für Unterhaltszahlungen abzulesen sind?

3. Woher stammt die Tradition, das Brautpaar auf der Hochzeit mit Reis zu bewerfen?

4. Mit welchen Worten wünscht man auf einer jüdischen Hochzeit dem Brautpaar alles Gute?

5. Auf der Hochzeit von Connie Corleone im ersten Teil von *Der Pate* tritt der italienisch-amerikanische Schlagerstar Johnny Fontane auf, dessen Rolle auf Basis einer echten Person geschrieben wurde. Wie heißt der gesuchte Sänger, der als Vorlage für die Figur Johnny Fontane diente?

(!) BESTE FALSCHE ANTWORT: **Bräutigam kann wieder sehen.**

KATEGORIE 5

Und da kommt schon der *Herzblatt*-Hubschrauber!

1. Nennen Sie fünf der sieben bisherigen *Herzblatt*-Moderatoren!

2. Wer war eigentlich Bobby Flitter?

3. Warum waren die Trauungen, die der Deutsche Standesbeamte im Anschluss an die TV-Sendung *Traumhochzeit* vornahm, in vielen Fällen ungültig?

4. Mit wessen Ehemann begann Moderatorin Ulla Kock am Brink an ihrem 40. Geburtstag eine Affäre, um ihn später zu heiraten?

5. Wer heiratet höchstwahrscheinlich gerade, wenn Rolf Seelmann-Eggebert zugegen ist? (!)

(!) BESTE FALSCHE ANTWORT: **Familie Seelmann oder Familie Eggebert**

JESUS QUIZT SUPERSTAR

Sie und Ihr Gebetskreis haben jetzt die Möglichkeit zu beweisen, dass der Konfirmandenunterricht nicht umsonst war. Schenken Sie sich einen Becher Messwein ein, reißen Sie Ihre Mitstreiter mit einer Bergpredigt, die sich die Füße gewaschen hat, aus ihrer Liturgie, lesen Sie ihnen die Leviten und werden Sie Teil einer Bildungsoffenbarung! Wie viele Personen bekommt man mit zwei Fischen satt und wie viele Gebote passen auf zwei Steinplatten? Wie bringt man Lahme wieder zum Gehen und Blinde wieder zum Sehen? Sie haben eine Vermutung? Na, bitte! Dann starten Sie jetzt das Himmelfahrtskommando! Es fliegt schon mal voraus:

Wanda Eule

KATEGORIE 1

Ich glaub's ja nicht!

1. Wie heißt Klaus Kinskis religiöse Bühnenrezitation, bei dem das aufgebrachte Publikum Kinski zum Toben brachte?

2. In welchem Land der Erde leben die meisten Muslime?

3. Wo soll nach der Sintflut die Arche Noah gestrandet sein?

4. Mit welcher Weltreligion setzt sich Richard Wagners Oper *Die Sieger* auseinander?

5. Diese Religion hat weltweit etwa 60 Millionen Anhänger und ist in westlichen Ländern vor allem durch Opferdarbringungen und Praktizierung von weißer und schwarzer Magie bekannt. Wie heißt sie?

KATEGORIE 2

Ein Engel auf Erden

1. Welche deutsch-französische Schauspielerin spielt die Hauptrolle im Film *Ein Engel auf Erden* aus dem Jahre 1959?
2. Wie lautet die Abkürzung der Partydroge »Angeldust«?
3. Nennen Sie die Vornamen aller Gründungsmitglieder der Band »No Angels«!
4. Welche italienischen Nudeln werden auf Deutsch auch »Engelshaar« genannt?
5. Der Film *Stadt der Engel* aus dem Jahr 1998 ist die Neuverfilmung welchen Films von Wim Wenders?

KATEGORIE 3

Der liebe Gott privat

1. Sortieren Sie die folgenden Schöpfungsgegenstände in die zeitlich richtige Reihenfolge in den Terminkalender vom lieben Gott:

(a) Die Vögel des Himmels
(b) Das Licht
(c) Den Menschen
(d) Land und Meer
(e) Sonne, Mond und Sterne

2. Für den Namen welchen deutschen Unternehmens stand der Schutzgott des Verkehrs und der Reisenden Pate?

3. Wodurch offenbarte sich der liebe Gott seinerzeit erstmals Moses auf dem Berg Horeb?

4. Laut eines Werbeslogans aus der Tourismusbranche machen die Götter auf welcher europäischen Insel Urlaub? **(!)**

(!) BESTE FALSCHE ANTWORT: Helgoland

5. Weil er Toni Turek, den Torhüter der deutschen Nationalmannschaft, in der Hörfunkreportage vom WM-Finale 1954 in Bern als »Fußball-Gott« bezeichnete, wurde Herbert Zimmermann vom damaligen Bundespräsidenten gerügt und musste sich für seine blasphemische Äußerung öffentlich entschuldigen. Wer war zu diesem Zeitpunkt eigentlich Bundespräsident?

KATEGORIE 4

Quizty Himmelfahrt

1. Sortieren Sie folgende Erdatmosphären, in der Reihenfolge, wie sie Jesus Christus auf seiner Auffahrt in den Himmel durchquert haben muss:

(a) Mesosphäre
(b) Exosphäre
(c) Troposphäre
(d) Thermosphäre
(e) Stratosphäre

2. Ordnen Sie die folgenden kirchlichen Feiertage in die richtige Reihenfolge im Kirchenjahr:

(a) Allerheiligen
(b) 1. Advent
(c) Buß- und Bettag
(d) Erntedankfest
(e) Pfingsten
(f) Fronleichnam

3. Welcher Preis für Verdienste um die Europäische Einigung wird jährlich am Himmelfahrtstag in Aachen vergeben?

4. Jakob Augstein ist der anerkannte Sohn des *Spiegel*-Gründers Rudolf Augstein. Welchen Literaten aber müsste er zum Vatertag anrufen, um seinem leiblichen Vater zu gratulieren? (!)

5. Welche deutsche Stadt hat die meisten gesetzlichen Feiertage im Jahr?

(!) BESTE FALSCHE ANTWORT: **Peter Scholl-Latour**

KATEGORIE 5

Von Häschen und Eiern

1. Welche Band landete mit dem Song »White Rabbit« Ende der sechziger Jahre einen ihrer größten Erfolge?

2. Welche Charakterzüge werden dem Hasen bzw. Meister Lampe in der Fabel zugesprochen?

3. Welches Ereignis feiert das Christentum am Palmsonntag?

4. Welche weltweit größte Messe dieser Art findet viermal im Jahr im hessischen Dreieich statt?

5. Wie heißen die ostereierförmigen Schmuckgegenstände, die Ende des 19. Jahrhunderts in St. Petersburg hergestellt wurden?

QUIZ DE BURGH

Hey, Fans! Sie haben die Möglichkeit, allen selbstgefälligen Klassik-Schnöseln ein Schnippchen zu schlagen und zu beweisen, dass man mit Detailkenntnissen des Hitparaden-Kanons nicht nur die Boys 'n' Girls vom Nebentisch beeindrucken, sondern sich und Ihren Teammitgliedern (z. B. Puff, Gigi, Justin und Beyonce) auch wichtige Punkte im Kampf um den Tagessieg verschaffen kann. Wer also nicht mit den Schultern zuckt, wenn es um verloren geglaubte Lena-Meyer-Landrut-B-Seiten und die dunklen Geheimnisse des Wu-Tang-Clans geht, ist hier gut aufgehoben, wenn es wie immer gilt, die anderen Quizteams in die Schranken zu weisen, wie der Wendler einst Klaus & Klaus. Woop-Woop,

Wanda Eule

KATEGORIE 1

Pauke und Trompete

1. Warum erklingt aus der Orgel im Halberstädter Dom vom 5. Oktober 2013 bis zum 5. September 2020 ein gleichmäßiger Fünfklang aus den Tönen c', des', dis', ais' und e''? (!)

2. Welches ist das einzige verbreitete Musikinstrument, das berührungslos gespielt wird?

3. Zu welcher Instrumentenfamilie gehört die »Marimba«?

4. Wie heißt das Musikinstrumenten-Ensemble, das u. a. aus Bali und Java stammt und u. a. aus Gongspielen, Trommeln und Metallophonen besteht?

5. Mit welchem britischen Musiker spielte der indische Sitar-Spieler Ravi Shankar 1971 im Madison Square Garden in New York das berühmte »Konzert für Bangladesch«?

(!) BESTE FALSCHE ANTWORT: **Wartungsarbeiten**

KATEGORIE 2

Die große Schlagerrallye

1. Unter welchen Künstlernamen sind diese Musiker besser bekannt?
   (a) Gerhard Höllerich
   (b) Gerd Günther Grabowski
   (c) Jelena Petrowna Fischer
   (d) Michael Skowronek
   (e) Ronald Keiler

2. Aus welchem Land stammt Howard Carpendale?

3. Wo spielt die Geschichte, die in dem deutschen Schlager »Griechischer Wein« erzählt wird?

4. Was wurde in der ZDF-Hitparade immer gegen Ende eines jeden Beitrags unten im Bild eingeblendet?

5. Für den Sieg beim Eurovision Song Contest wird eine Trophäe übergeben. Wer darf diese nach dem Wettbewerb behalten?

KATEGORIE 3

Fo quizzle my nizzle

1. Was versteht man unter dem Begriff »wholecar«?

2. Welche Bedeutung steckt im Szenejargon hinter folgenden Zahlenkombinationen?

   (a) 187
   (b) 5-0
   (c) 0711
   (d) 1210er

3. Wie heißt der legendäre Breakdance-Film von 1984, in dem u.a. die Rocksteady-Crew und Afrika Bambaata zu sehen sind?

4. Nennen Sie die Heimatstädte folgender Rapcrews & Labels!

   (a) Aggro
   (b) Death Row
   (c) Eimsbush
   (d) Wu-Tang-Clan

5. Wie heißt der französische Pantomime, von dem viele Spielformen des Breakdance beeinflusst wurden? (!)

(!) BESTE FALSCHE ANTWORT: **Jacques Brel**

KATEGORIE 4

Stars auf Abwegen

1. In der Wohnung welches Liedermachers experimentierte Gudrun Ensslin im Jahr 1971 mit Sprengstoff? (!)

2. Welcher Künstler sagte auf dem Hamburger Hafengeburtstag 2012 zu einer Verkehrspolizistin »Dir sitzt ja wohl die Spirale quer. Halt's Maul!«?

3. Im Jahr 2004 spendete Will Smith 20 000 Dollar an »HELP, The Hollywood Education and Literacy Program«. Warum musste er sich danach vielfach dafür rechtfertigen?

4. Der deutsche Rapper »Prince Kay One« erntete Hohn und Spott für einen TV-Auftritt im Frühjahr 2014. Wo war er aufgetreten?

5. Welche Einrichtung in Rancho Mirage, Kalifornien, wird in regelmäßigen Abständen auch immer wieder von Stars und Sternchen besucht?

(!) BESTE FALSCHE ANTWORT: **Ralph Siegel**

KATEGORIE 5

Stereofonie

1. Wodurch unterscheidet sich die erste *BRAVO-Hits* von allen nachfolgenden 79 Ausgaben dieses Samplers?

2. Aufgrund welcher Komposition (in der Version von Wilhelm Furtwängler) wurde die Länge der Compact Disc auf 74 Minuten festgesetzt?

3. Was bezeichnete man früher bei Radio- oder Fernsehgeräten als »magisches Auge«?

4. Sie belauschen ein Gespräch zwischen Musikliebhabern, die sich über »Weinberg« oder »Schuhkarton« streiten. Wovon ist die Rede?

5. Wodurch wurde Produzent und Rapper Dr. Dre zum ersten Milliardär im HipHop?

»Schiller, Zelter, Tieck und Eckermann«

SPIELERTYP VI

Die Gebildeten

Eigentlich müssten die G. das Quizspiel lieben. Hier bietet sich ihnen endlich einmal die Bühne, um ihr beeindruckendes Wissen, das sie sich in den vergangenen Dekaden ihres Lebens zusammengelesen haben, mal ganz offiziell und ohne Neidgeräusche in aller Pracht darbieten zu können. Anders als auf der Gartenparty bei Freunden, in der Kantine auf der Arbeit oder auch auf der Tanzfläche in der Diskothek, läuft hier niemand sofort weg, wenn der G. mal eben ausholt, um den historischen Kontext tagesaktueller Ereignisse zu umreißen oder um darüber zu referieren, was Philosophie, Psychologie oder auch Soziologie möglicherweise über Gartenpartys, Kantinen oder Tanzflächen in Diskotheken zu sagen haben. Beim Kneipenquiz ist das Wissen der G., egal über wen oder was, zunächst erst einmal herzlich willkommen.

Dennoch sind sich die G., wenn sie die ersten Male ein Quiz mitgespielt haben, nicht sicher, ob es wirklich das richtige Forum für ihre geistigen Ergüsse ist. Merkwürdigerweise wurde noch nicht ein einziges Mal danach gefragt, welches die drei wesentlichen Aussagen der Heisenberg'schen Unschärferelation sind, ebenso wenig wurde von den Quizteilnehmern verlangt, ausgewählte Briefwechsel Goethes mit den Herren Schiller, Zelter, Tieck und Eckermann in die zeitlich richtige Reihenfolge zu bringen. Das wäre dem G. in jedem Fall einfacher gefallen, als die öffentlichen Fauxpas von Wolfgang Lippert, Gunter Gabriel, Ben Becker und Martin Semmelrogge an die richtige Stelle in das Strafgesetzbuch einzusortieren, und dies ist auch gleichsam der Grund, warum die G. nicht hundertprozentig überzeugt sind vom Konzept des Kneipenquiz. Denn spätestens da, wo es in den Boulevardbereich geht, und wenn nicht schon ein ganz großes Stück davor, hört für die G. der Begriff der Allgemeinbildung auf. Zwar sind die G. mit ihrem umfangreichen Wissen aus allen Kategorien ein erfolgsversprechender Mitspieler im Quizteam. Dennoch stoßen auch sie an ihre Grenzen, da eben auch das abgefragt wird, was man als vermeintlich gebildeter Mensch mit der Kneifzange nicht anfassen würde. Da hilft es den G. weder, dass sie als Kind alles von den Gebrüdern Brockhaus verschlungen haben, noch dass ihr heimisches *FAZ*-Archiv besser sortiert ist als das *FAZ*-Archiv der *FAZ*. Immerhin, anders als so manch anderer Quiztyp können die G. ihre Rolle im Team problemlos einnehmen und sind klug genug, das vermeintlich unnütze Wissen anderer Teamkollegen nicht zu belächeln. Zwar werden sie sich nicht gerade wohlfühlen, wenn sich die übrigen Teammitglieder daran versuchen, sämtliche Moderatoren der Fernsehsendung *Herzblatt* ins Gedächtnis zu rufen. Jedoch können die G. ihre Vorbehalte ganz dem Erfolg des Teams unterstellen und sind so nicht nur aufgrund ihres Wissens gern gesehene Gäste im Quizteam.

Und irgendwann – so hoffen sie zumindest – wird ja vielleicht doch noch einmal nach Goethes Briefwechseln gefragt.

ENDSTATION QUIZTANBUL

So Sie noch nicht im Schwarzen Meer der Unwissenheit versinken wollen, empfehlen wir Ihnen für die nächste Runde gewissenhaften Koran-Unterricht. Zeigen Sie Ihren Quiznachbarn, dass Sie nicht hinterm Halbmond leben. Sollten Sie sich in Europa, ach, der ganzen Welt ohnehin so leichtfüßig bewegen wie zwischen Küche und Sofa, kann für Sie von hier bis Quizmir nicht viel schiefgehen. Gute Reise wünscht

Wanda Eule

KATEGORIE 1

Shuttlebus zum Bosporus

1. Mit welchem Anhängsel, das an den Vornamen angehängt wird, spricht man auf Türkisch seinen älteren Bruder an?

2. Zählen Sie fünf der insgesamt acht Nachbarstaaten der Türkei auf!

3. Wie heißt die bekannteste türkische Automarke?

4. Wie heißt der in der Türkei geborene Rapper, der sogar in den deutschen Feuilletons für die Vermischung verschiedener Sprachen und Slangs bekannt ist?

5. Was bedeuten die Worte »haram« und »halal«?

KATEGORIE 2

Auf dem Balkan

1. In welchen dieser Städte befindet man sich innerhalb der EU-Grenzen?

(a) Podgorica
(b) Banja Luka
(c) Belgrad
(d) Skopje
(e) Dubrovnik
(f) Rijeka
(g) Sarajewo
(h) Novi Sad
(i) Pristina
(j) Maribor

2. Von welchem Bauwerk handelt der bekannteste Roman des Literaturnobelpreisträgers Ivo Andrić, der vom Zusammenleben der Nationen und Religionen in der Gegend um die bosnische Stadt Višegrad erzählt?

3. Beim Balkan-Grill bestellen Sie für sich Pljeskavica und für Ihren Partner Raznjici. Der Wirt schaut Sie verdutzt an und teilt Ihnen mit, dass der Balkan-Grill gegenüber ist. Dies hier sei das Restaurant Mykonos. Kein Problem, denken Sie sich und geben die Bestellung noch einmal im griechischen Fachvokabular ab. Was bestellen Sie also?

4. Welcher Himmelskörper ist an prominenter Stelle auf der Flagge Mazedoniens zu sehen?

5. Welches Kleidungsstück für Herren stammt ursprünglich aus Kroatien?

KATEGORIE 3

Alpentraum

1. Welche beiden Nobelskiorte in der Schweiz bewarben sich für die Olympischen Winterspiele 2022?

2. Der Schweizer Chemiestudent Franz Greiter entwickelte, nachdem er 1938 diesen gesuchten Berg bestieg und sich dabei einen Sonnenbrand zuzog, die gleichnamige Sonnencreme. Wie heißt sie?

3. Unter welchem Namen ist die Skirennstrecke oberhalb des österreichischen Kitzbühel bekannt?

4. Was versteht man unter dem Begriff »Snowfarming«?

5. In Arno Fancks Stummfilm-Bergsteigerdrama aus dem Jahr 1929 geht es um *Die weiße Hölle vom …*?

KATEGORIE 4

Reisen im Weltall

1. Welcher Science-Fiction-Held feierte im September 2011 seinen 50. Geburtstag?

2. In welcher deutschen Stadt liegt das Kontrollzentrum der europäischen Weltraumorganisation ESA?

3. Wer war der zweite Mensch auf dem Mond?

4. Mit wem fliegt Peterchen in *Peterchens Mondfahrt* zum Mond?

5. Welcher Filmregisseur und Schauspieler wurde 1938 durch sein adaptiertes Rundfunk-Hörspiel *Krieg der Welten* bekannt, bei dem live von einer Ufo-Landung in New Jersey berichtet wurde?

KATEGORIE 5

Autobahnausfahrten zwischen Paderborn und Bünde (Westfalen)

1. Wie hieß die Fernsehsendung zur Verkehrssicherheit, die von 1966 bis 2005 im deutschen Fernsehen ausgestrahlt wurde?

2. Welcher deutsche Komiker war als gelernter Betonbauer an der Entstehung des Elbtunnels beteiligt?

3. Nennen Sie alle deutschen Autokennzeichen, die auf Hansestädte verweisen!

4. Wo in Deutschland halten Sie sich auf, wenn Sie mit dem Auto von Bingum über Jengum, Midlum, Critzum, Hatzum und Ditzum nach Pogum fahren?

5. Wie wird die A2 aufgrund ihrer großen Anzahl an polnischen Verkehrsteilnehmer im Volksmund auch genannt?

QUIZTIANO RONALDO

Auf geht's, Quizfreunde! Heute geht es um mehr als nur um drei Punkte! Also noch mal den Teamgeist beschwören, die Schmierzettel sortieren, isotonische Getränke am Tischrand bereitstellen und den Schweiß von den Bleistiften wischen. Höchste Disziplin, absolute Konzentration und im Notfall auf einen abgefälschten Glückstreffer der Mitspieler warten. Am Spielfeldrand pfeift nicht nur beim Elfmeter

Wanda Eule

KATEGORIE 1

1:0 für den Herrn im weißen Jersey

1. Welches war das erste Team, das in der Fußball-Bundesliga Werbung auf dem Trikot trug?

2. Der internationale Sportartikelhersteller Reebok ist Tochter welchen Modekonzerns?

3. In welcher Trikotfarbe fährt der Gesamtführende des Giro d'Italia?

4. Welche Rückennummer von Michael Jordan wird bei den Chicago Bulls nie wieder vergeben?

5. Worin begründet sich die Farbe der niederländischen Sportmannschaften »Oranje«?

KATEGORIE 2

Gold für Deutschland

1. In welcher Sportart war Armin Hary auch bei Olympischen Spielen erfolgreich?

2. Welcher heutige ZDF-Sportjournalist nahm als Eiskunstläufer – wenn auch ohne Medaillenerfolg – an Olympischen Winterspielen teil?

3. Welches ist die erfolgreichste deutsche Olympionikin aller Zeiten?

4. Wann fanden zum letzten Mal Olympische Winterspiele in Deutschland statt?

5. Welche deutschen Goldmedaillengewinner suchen wir?
   (a) Olympia 1996 (Atlanta), Diskuswerfen der Männer
   (b) Olympia 2010 (Vancouver), Ski Alpin, Slalom der Frauen
   (c) Olympia 1994 (Lillehammer), Ski Alpin, Riesen-Slalom der Männer
   (d) Olympia 1992 (Barcelona), Hochsprung der Frauen

KATEGORIE 3

Toni, halt den Ball!

1. Wann darf bei Fußballspielen auf den Färöer-Inseln laut Regelwerk ein dritter Mann in die Ausführung eines Elfmeters einbezogen werden? (!)

2. Was befindet sich auf dem Panini-Logo neben dem Schriftzug?

3. Welches ist die kleinste mögliche Punktzahl, mit der sich eine Mannschaft bei einer Fußball-Weltmeisterschaft für das Achtelfinale qualifizieren kann?

4. Sortieren Sie diese Fußball-Weltmeisterschaftsfinale nach ihrer Zuschauerzahl von wenig nach viel:

(a) Deutschland–Argentinien, 1986
(b) Deutschland–Brasilien, 2002
(c) Spanien–Holland, 2010
(d) Brasilien–Uruguay, 1950
(e) Brasilien–Italien, 1994

5. Welchen Job legte Rudi Völler in seiner Wut-Rede nach einem EM-Qualifikationsspiel gegen Island dem Sportmoderator Gerhard Delling nahe?

(!) BESTE FALSCHE ANTWORT: **Um den Ball hinter dem Tor abzufangen, falls der Schütze verschießt.**

KATEGORIE 4

Olympia

1. Welche Sportart, die weltweit von ca. 50 Millionen Menschen ausgeübt wird, wird in 2016 nach 112 Jahren wieder olympisch?

2. Welche drei Disziplinen der Olympischen Winterspiele werden auch im Mixed-Wettbewerb ausgetragen?

3. Nennen Sie die letzten fünf europäischen Ausrichterstädte der Olympischen Sommerspiele!

4. In welcher Stadt hat das Internationale Olympische Komitee seinen Sitz?

5. Aus welchen Disziplinen besteht der Moderne Fünfkampf?

KATEGORIE 5

Ich dachte, du läufst

1. Auf welcher Position spielt Harry Potter für seine Mannschaft beim sogenannten Quidditch?

2. Mit welcher List gewinnt laut Märchenbuch der Igel das Rennen gegen den Hasen?

3. Der Name welchen Sportartikelherstellers wird aus den Anfangsbuchstaben der lateinischen Version des Satzes »Eine gesunde Seele in einem gesundem Körper« abgeleitet?

4. Welcher Marathonläufer wurde bekannt als die »Lokomotive von Prag«?

5. Worum handelt es sich beim sogenannten Kempa-Trick?

QUIZ, WE CAN!

Es muss ein Ruck durchs Quizteam gehen, liebe Wähler! Darum heißt es ab jetzt: Eule wählen! Mit knallharten Forderungen stellt sich die Spitzenkandidatin wieder zur Wahl: Die Fragen müssen so einfach sein, dass man sie auch auf einem Bierdeckel beantworten kann! Mehr Netto vom Brutto bei der Punktevergabe! Und Leistung muss sich wieder lohnen! Für den Wechsel! Für die Wende! Jede Antwort zählt! Von der Wahlparty grüßt

Wanda Eule

KATEGORIE 1

Regierungsverantwortung

1. Welche deutsche Partei war in der Geschichte der Bundesrepublik am längsten in der Regierungsverantwortung?
2. Welches heutige Bundesministerium hat seinen Sitz im ehemaligen Bundeskanzleramt in Bonn?
3. Welches Kleidungsstück sorgte 1985 im hessischen Landtag für Aufsehen?
4. Durch welche wirtschaftspolitische Innovation füllte sich im Jahr 1968 schlagartig der Bundeshaushalt?
5. Wer übernimmt die Amtsgeschäfte des Bundespräsidenten, wenn dieser zurücktritt?

KATEGORIE 2

Bitte hier ankreuzen!

1. Wie nennt man das Verteilen mehrerer verfügbarer Stimmen durch den Wähler auf Kandidaten unterschiedlicher Listen? **(!)**

2. Welche beiden Kanzlerkandidaten standen sich in Deutschland erstmals in einem TV-Duell gegenüber?

3. In der Geschichte der Bundesrepublik gibt es eine Bundespräsidentenwahl, bei der ein Kandidat gegen die Tante seiner Frau antrat, die wiederum die älteste Tochter eines früheren Bundespräsidenten war. Wer wurde hier neuer Bundespräsident?

4. Wie oft war Helmut Kohl Spitzenkandidat seiner Partei bei einer Bundestagswahl?

5. Was passiert, wenn man bei einer Bundestagswahl, anstelle einen Kandidaten anzukreuzen, alle anderen Kandidaten, außer demjenigen, den man wählen will, durchstreicht?

(!) BESTE FALSCHE ANTWORT: Schummeln

KATEGORIE 3

Hallo, Moskau, hier Washington!

1. Von welchem Politiker stammt das Zitat: »Wer zu spät kommt, den bestraft das Leben.«?

2. Ein Denkmal in Warschau erinnert an ein deutsch-polnisches Ereignis vom 7. Dezember 1970. An welches? (!)

3. Was bezeichnet der Begriff »Machiavellismus«?

4. Welche vier asiatischen Staaten wurden aufgrund ihrer schnellen wirtschaftlichen Entwicklung in den neunziger Jahren als sogenannte Tigerstaaten bezeichnet?

5. Welche internationale politische Kooperationsgemeinschaft, der 22 Staaten angehören, benötigt für ihr Treffen keine Dolmetscher?

(!) BESTE FALSCHE ANTWORT: **Kniefall von Helmut Kohl**

KATEGORIE 4

Politiker in der heimischen Parzelle

1. Ordnen Sie folgende Politiker ihren Promotionsthemen zu!

(a) Karl-Theodor zu Guttenberg
(b) Silvana Koch-Mehrin
(c) Bernd Althusmann
(d) Veronika Sass

(1) Historische Währungsunion zwischen Wirtschaft und Politik: die Lateinische Münzunion 1865–1927
(2) Prozessorganisation und Prozesskooperation in der öffentlichen Verwaltung – Folgen für die Personalentwicklung
(3) Regulierung im Mobilfunk
(4) Verfassung und Verfassungsvertrag – Konstitutionelle Entwicklungsstufen in den USA und der EU

2. Welcher spätere Politiker stürmte in seiner Jugendzeit unter dem Spitznamen »Acker« für den TuS Talle 1923?

3. Mit welcher neuen beruflichen Tätigkeit überraschte der ehemalige NPD-Politiker Holger Apfel im Frühjahr 2014?

4. Was antwortete die US-Politikerin Sarah Palin auf die Frage, welche Tageszeitungen sie lese, um sich informiert zu halten?

5. Sortieren Sie diese (ehemaligen) Bewohner des Weißen Hauses den US-Präsidenten Bill Clinton, George W. Bush und Barack Obama zu!

(a) Barney
(b) Bo
(c) Buddy

KATEGORIE 5

Andere Länder, andere Sitten

1. Welche italienische Partei forderte in ihren Wahlprogrammen zeitweilig eine Abspaltung des wohlhabenden Nordens vom ärmeren Süden Italiens?

2. Welche Quote führte der damalige frz. Kulturstaatsminister Jacques Toubon mit dem »Gesetz betreffend den Gebrauch der französischen Sprache« 1994 ein?

3. Welches deutsche Nachbarland war 2010 und 2011 ganze 541 Tage ohne Regierung?

4. Wie werden die Vorsitzenden der Landesregierungen Österreichs genannt?

5. Wie heißt die von Dimitri Medwedew angeführte Partei, die in der Duma zurzeit die absolute Mehrheit besitzt?

Sie die Slogans dieser politischen Plakate!

»Lasst mich kurz nachdenken!«

SPIELERTYP VII

Die Spezialisten

Die S. sind vergleichbar mit den Phantomstürmern im Fußball. Sie können Spiele allein entscheiden, da sie über ein ungeheures Potenzial verfügen, müssen aber von ihren Mitspielern richtig in Szene gesetzt werden, um ihre Fähigkeiten voll ausspielen zu können. Die S. sind nicht unbedingt Experten in irgendeinem Fachgebiet, vielmehr heißen sie S., weil sie sich aus allen Fragen des Abends nur die für sie wirklich relevanten aussuchen werden.

Die S. würden es unter keinen Umständen zulassen, dass man sich als Team allein »aus dem Gefühl heraus« für oder gegen eine Antwort entscheidet oder – schlimmer noch – gar demokratisch darüber abstimmt, welche Antwort auf den Zettel kommt. Stattdessen verbeißen sie sich lieber, so fest es nur eben geht, in eine Frage, wägen ab und wälzen Erinnerungen, bis sie zu einer Lösung kommen, die sie auch unter Eid und in der Öffentlichkeit vertreten könnten. Die S. brauchen diesen gedanklichen Raum, um in ihrer akribischen Art auch die Fragen beantworten zu können, die den Rest des Teams hätten längst resignieren lassen. Denn auch wenn die S. manche Fachgebiete besser beherrschen als andere, sind sie in der Lage, durch Kombinatorik und Intelligenz auch in ihnen völlig fremden Wissensgebieten zu punkten.

Für ihr Team können die S. also von großer Bedeutung für den Erfolg sein, wobei sie mit ihrer Spielweise nicht unumstritten sind. Denn Vorsicht ist beispielsweise geboten, wenn die S. einmal eine Fährte aufgenommen haben. Leider vergessen sie dann schnell einmal Zeit und Raum bzw. dass es noch mehr Fragen gibt. Hier kann viel Zeit verloren gehen, und so halten sich die S. mit der einen Frage auf, die sie am meisten fasziniert, während das übrige Team zu viert den Rest erledigen muss. Auch wenn es irrsinnig klingt: Da sie von dieser Frage unter keinen Umständen ablassen werden, stellen Sie dem S. Ihres Teams ein weiteres Teammitglied zur Seite, um gemeinsam mit ihm an »seiner« Frage zu »arbeiten«. Nur so haben Sie die Möglichkeit, in den letzten Sekunden der Runde seine Aufmerksamkeit vielleicht doch noch für eine weitere Frage zu gewinnen. Im Begriff »arbeiten« liegt dann aber auch das ganze Spielverständnis der S. Die S. wollen die Verausgabung an der Frage. Die S. wollen die Hingabe an die Denkarbeit. Beantworten Sie solange den Rest der Fragen und lassen gegen Ende der Runde dann lieber Fünfe gerade sein, wenn Sie im Angesicht größter Ahnungslosigkeit mit Lösungen irgendwas niederschreiben. Die S. werden es ungern sehen, aber viel wichtiger wird es ihnen sein, ob sie mit ihrer Antwort richtiglagen. Für sie zählt ohnehin nicht irgendein Tagessieg – die S. wollen Fragen beantworten. Nicht mehr. Und nicht weniger.

SEX AND THE QUIZZY

Begehrenswertes Publikum! Es wird Zeit, die Augen auf die Welt der Modewellen, vorgetäuschten Orgasmen und glitzernden Augen zu richten. Gießen Sie sich den feinsten Crémant in den Bubikopf, spitzen Sie Ihre Pfennigabsätze, wälzen Sie das Lexikon leichter Unterhaltung und stolzieren Sie mit mir über den Catwalk des Hedonismus! Bauch rein, Schleier raus!

Wanda Eule

KATEGORIE 1

Mach dir Fernsehen an!

1. Wie heißen die vier Hauptfiguren der Fernsehserie *Sex and the City*?

2. Den Sponsoring-Aktivitäten welchen Weltkonzerns verdankt die Soap Opera ihren Namen?

3. Aus welchen Filmen stammen folgende Zitate:
   (a) »Ohne dich wären die Gefühle von heute nur die leere Hülle der Gefühle von damals.«
   (b) »Ich habe eine Wassermelone getragen.«
   (c) »Sie versuchen doch jetzt, mich zu verführen, nicht wahr?«
   (d) »Rhett, wenn du fortgehst, was soll ich dann anfangen?« – »Offen gesagt ist mir das gleichgültig.«
   (e) »Mutter, ich brauche kein Blind Date. Besonders nicht mit einer verbal inkontinenten alten Jungfer, die raucht wie 'n Schlot, säuft wie 'n Loch und sich anzieht wie ihre Mutter.«

4. Wie hieß die erste Staffel der Serie *Two and a Half Men* in Deutschland?

5. In welcher Daily Soap trifft sich die Nachbarschaft abends im »Foxy«?

KATEGORIE 2

Mit Schleifchen und Tutu!

1. Wie hieß die Londoner Boutique von Malcom McLaren und Vivienne Westwood, die als stilprägend für die Punk-Ästhetik gilt?
2. Woher stammt die Bezeichnung »Tussi«?
3. Wie nennt man einen Ganzkörperbadeanzug für muslimische Frauen?
4. Welches Kleidungsstück trägt der HARIBO-Goldbär? (!)
5. Welcher Modedesigner verbirgt sich seit 2004 hinter dem Label »Wunderkind«?

(!) BESTE FALSCHE ANTWORT: **Ein weißes T-Shirt**

KATEGORIE 3

Beauty and the Beast

1. Welches politische Amt bekleidete Margot Honecker in der DDR?

2. Welcher Rockmusiker war zeitweise mit Nina Hagen und Heidi Klum zusammen?

3. Wie endet üblicherweise das Liebesspiel von Wespenspinnen? (!)

4. Katarina Witt ging eine Zeitlang mit dem amerikanischen Schauspieler Richard Dean Anderson aus. Mit welcher TV-Serie ist dieser eigentlich berühmt geworden?

5. Wie hieß die Eiskunstläuferin, die durch ihre Verstrickungen in das Attentat auf ihre Konkurrentin Nancy Kerrigan, die von einem beauftragten Attentäter mit einer Eisenstange am Knie verletzt wurde, lebenslang gesperrt wurde?

(!) BESTE FALSCHE ANTWORT: **Das Männchen kommt früh, schläft dafür aber auch schnell danach ein.**

KATEGORIE 4

Pink

1. Warum sind Flamingos pink?

2. Durch welche Aktion wurde die US-amerikanische Bürgerrechtlerin Rosa Parks bekannt?

3. Wer ist der Mann der US-amerikanischen Sängerin Pink?

4. Ihr bürgerlicher Name ist Barbara Millicent Roberts und in Deutschland hat sie einen Bekanntheitsgrad von annähernd 100 %. Von wem ist die Rede?

5. Ergänzen Sie folgenden Satz von Rosa Luxemburg: »Das Ziel ist mir nichts, ... ist alles«.

KATEGORIE 5

Alle in den Pool!

1. Wie nennt man ein Schwimmbecken, bei dem ein Ende so abgesenkt ist, dass es an dieser Stelle kantenlos erscheint?

2. Angenommen, der Pool in Ihrem Garten ist 12 × 5 Meter groß. Wie lang ist dann eigentlich die Diagonale?

3. Welchen Spitznamen hatte der zweifache olympische Goldmedaillengewinner Michael Groß? (!)

4. Welche Methode verhilft der Werbung nach zu sogenannter »Hollywood-Bräune«?

5. Im Jahr 2008 konzipierte unter anderem die NASA den »LZR Racer«, der bis ins Jahr 2010 für große Furore sorgte. Worum handelte es sich dabei?

(!) **BESTE FALSCHE ANTWORT:** Michi

QUIZKY SOUR

Prösterchen, liebe Quizfreunde!
Die gefiederte Wirtin bittet alle wissensdurstigen Kehlen zur Theke. Wie war das also gleich noch? Bier auf Wein, das schmeckt fein? Oder: Wein auf Bier, das rat ich dir? Sollten Sie und Ihre Saufkumpanen Singapore Sling von Sangria unterscheiden können und wissen, wann man einen Martini als trocken bezeichnet, könnten Sie in dieser Runde sogar mehr Punkte sammeln als Margot Käßmann in Flensburg! Einer geht noch, einer geht noch rein! Ihre

Wanda Eule

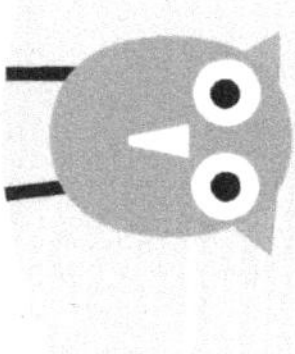

KATEGORIE 1

Im Saftladen

1. Wie hoch muss der Fruchtgehalt von Fruchtsäften sein?

2. Die Marketing-Forschung unterteilt ein Lebensmittelregal in vier verschiedene Zonen. Welche sind diese?

3. Wie heißt die Bio-Supermarktkette mit den meisten Filialen in Deutschland?

4. Von welchem Sportstar stammt dieser Satz aus einem Werbeclip: »Ich gebe meinen Namen nicht für ein Produkt her, das nicht gut ist. Capri-Sonne ist das Größte nach mir.«

5. Was versteht man unter dem Begriff »Saftruhe«?

KATEGORIE 2

Kneipenterroristen

1. Nennen Sie den sichtbaren Unterschied zwischen ober- und untergärigem Bier!

2. Welches Kneipen-Accessoire stellt die auf dem Weltmarkt führende »Gauselmann-Gruppe« her?

3. Nennen Sie die prominenten Besitzer der folgenden Bars:

   (a) Roxy (München)
   (b) Parallelwelt (Hamburg-Altona)
   (c) Viper Room (Los Angeles, bis 2004)
   (d) Bar Raval (Berlin-Kreuzberg)
   (e) Buster Pasta (Frankfurt)

4. Was bezeichnet man als »Dritthandrauchen«?

5. Wie viele Gäste befinden sich in Edward Hoppers Bild *Nighthawks* an der Theke?

KATEGORIE 3

»Stößchen!«

1. Welches Gemüse findet man auf dem Etikett des Likörs »Cynar«?

2. Die fruchtigen Getränke welchen Herstellers werden in der niedersächsischen Stadt Haselünne hergestellt?

3. Welches ist der Lieblingsdrink der von Jeff Bridges verkörperten Figur des »Dude« in dem Film *The Big Lebowski*?

4. In welchen amerikanischen Bundesstaaten haben folgende US-Marken ihren Hauptsitz?

   (a) Coca-Cola
   (b) Starbucks
   (c) Dr. Pepper

5. Was benötigt man, um ein Skiwasser zu mixen?

KATEGORIE 4

Ein Glas Milch, bitte!

1. Sortieren Sie folgende Milchprodukte aufsteigend nach ihrem Fettgehalt:

   (a) Mascarpone
   (b) Schmand
   (c) Crème fraîche
   (d) Butterschmalz

2. Was bedeutet »pasteurisieren«?

3. Für welches Produkt wurde im Jahr 2000 mit dem Satz »Wenn dich der Milchjieper packt« geworben?

4. Wovon handelt der mehrfach mit dem Oscar ausgezeichnete Film *Milk* aus dem Jahr 2008?

5. Welche Milch zählt u. a. Triacylglyceride, Fettalkohole, Silikonöle und Glycerin zu ihren Inhaltsstoffen?

KATEGORIE 5

Haben wir gelacht!

1. Welches populäre Computerspiel wurde seinerzeit im Auftrag des Whiskeyherstellers »Johnny Walker« entwickelt?

2. Kommt ein Schornsteinfeger in die Bar, sagt der Wirt ...?

3. Wie hieß die Unterhaltungssendung des Hessischen Rundfunks, die über 20 Jahre von Heinz Schenk und Lia Wöhr moderiert wurde?

4. Mit welchem Song landeten die Gebrüder Blattschuss 1978 ihren größten Hit?

5. Mit welchem ungewöhnlichen Trikot-Design fiel der spanische Fußballverein Deportivo Lugo zum Start der Saison 2014/15 auf?

QUIZTAN UND ISOLDE

Da capo, Quizfreunde! Es erwartet Sie ein Quizdrama in fünf Akten! »Bravo!« wollen Sie jetzt vielleicht schon rufen, aber halt! Vielleicht wissen Sie noch gar nicht, dass Sie und Ihr Mitspieler-Quartett in diesem Bühnenspektakel die erste Geige spielen. Sie haben es in der Hand, ob diese Kategorie zur Tragödie oder zum Heldenepos wird. Lesen Sie also lieber noch einmal das *SZ*-Feuilleton der letzten 15 Jahre quer und singen Sie sich vor dem Schlafengehen noch einmal den *Barbier von Sevilla* vor, damit Sie in dieser Runde ordentlich auf die Pauke hauen können. Applaudiert gerne,

Wanda Eule

KATEGORIE 1

Jetzt noch mal mit Blitz!

1. Welche Berufsbezeichnung führte der Fellini-Film *Das süße Leben* 1960 in die Fotografiewelt ein?

2. Wessen Porträt hängt über Angela Merkels Schreibtisch?

3. An welcher Stelle geht Paul McCartney auf dem Plattencover von *Abbey Road* über den Zebrastreifen?

4. Um ein gutes Foto mit einer Spiegelreflexkamera zu machen, sollte man, je kleiner die Blendenzahl wird, die Verschlusszeit …?

5. Welche Tätlichkeit der Sportgeschichte hielt der algerische Künstler Adel Abdessemed in einer Bronzestatue mit dem Titel »Coup de Tête« fest?

KATEGORIE 2

Vorhang auf!

1. Welche Fotografin wurde unter anderem für ihre Bilder leerer Konzert- und Theaterbühnen bekannt?

2. Musical-Kurzzusammenfassungen: Welches Musical wird in seinem Wikipedia-Artikel so beschrieben:

   (a) »Das Musical erzählt die Geschichte einer Gruppe gegen das Establishment eingestellter Hippies, die in der Stadt New York unter dem Vorzeichen des ›Zeitalters des Wassermanns‹ leben und lieben und sich gegen die Einberufung als Soldaten für den Vietnamkrieg auflehnen.«

   (b) »In einer fernen Zukunftsgesellschaft auf dem Planeten e.bay, wie die Erde mittlerweile heißt, und die von der Firma Globalsoft unter der Leitung der Killer Königin diktatorisch regiert wird, ist ›richtige‹, handgemachte Musik verboten und schon fast in Vergessenheit geraten. Stattdessen wird der gleichgeschalteten Gesellschaft monotone, computererzeugte Musik diktiert.«

(c) »Schwungvolle Geschichte rund um die Powerfrau Donna und drei ihrer ehemaligen Liebhaber. Blaues Licht vermittelt das Gefühl, am Meer zu sein, und erinnert immer wieder an den sommerlich-griechischen Schauplatz dieses Musicals.«

(d) »Sandy, ein braves, eher schüchternes Mädchen, und Danny, der Anführer der Burger Palace Boys und Mädchenschwarm, lernen einander in den Sommerferien kennen. Im Herbst darauf zieht Sandy um. Sie geht nun auf dieselbe Schule wie Danny, die Rydell High School, weiß dies aber nicht.«

3. Wie nennt man ein Musikensemble aus neun Personen?

4. Welchen Spitznamen trägt James Last?

5. Von welchem Filmhelden stammt der Satz: »Ich sage immer die Wahrheit. Sogar wenn ich lüge«?

KATEGORIE 3

Tolles Buch (nie gelesen)

1. Nennen Sie die letzten drei deutschen Literaturnobelpreisträger!

2. Wer ist gemeint, wenn in der Fabel von »Grimbart« die Rede ist?

3. Wohin führt die Reise des Hamburger Geologie-Professors Oliver Lindenbrook und seiner Begleiter Alec, Hans, Gertrud und Carla?

4. Die Figur des dänischen Sandmanns Ole Lukoje stammt aus der Feder welches wohl bekanntesten dänischen Autors?

5. Sortieren Sie folgende vier Einzelwerke der sieben Harry-Potter-Romane in die chronologisch richtige Reihenfolge: *Harry Potter und ...*

(a) *... der Gefangene von Askaban*
(b) *... die Kammer des Schreckens*
(c) *... der Stein der Weisen*
(d) *... der Orden des Phönix*

KATEGORIE 4

Beruf: Künstler

1. Welcher dieser Berufe findet sich nicht im Künstlerkatalog der Künstlersozialkasse wieder?
   (a) Puppenspieler
   (b) Instrumentenbauer
   (c) Quizmaster
   (d) Zauberer
   (e) Visagist

2. Im Jahr 1982 entfernte eine Reinigungskraft in der Düsseldorfer Kunstakademie eine Arbeit von Joseph Beuys. Um welches Werk handelte es sich?

3. Wie hieß der amerikanische Komiker, der stets versuchte, gegen die Erwartungen seines Publikums zu arbeiten, und auch schon mal auf der Bühne einfach nur stundenlang den Roman *Der große Gatsby* vorlas?

4. Welches Talent wird am Thomasalumnat in Leipzig gefördert?

5. Was hängt über dem Bett des *Armen Poeten* auf dem gleichnamigen Gemälde von Carl Spitzweg?

KATEGORIE 5

Bitte Abstand halten!

1. Was findet man in einer Glyptothek?

2. Welches dieser Museen gibt es in Deutschland nicht:

(a) Panzermuseum
(b) Stuhlmuseum
(c) Schlüsselmuseum
(d) Kartoffelmuseum
(e) Wettermuseum

3. Der Nachlass welchen deutschen Nobelpreisträgers ging mit dem Einsturz des Kölner Stadtarchivs größtenteils verloren?

4. Welchem austrainierten Filmhelden ist eine Statue vor dem Philadelphia Museum of Art gewidmet?

5. Wo steht das weltweit größte aufgebaute Skelett eines Dinosauriers?

»Ach, ist das die mit den Haaren?«

SPIELERTYP VIII

Die Gossip Girls

Die GG. (meist – aber nicht immer – Frauen) dürfen im Kneipenquiz-Team auf keinen Fall fehlen. Sie sind gesegnet mit dem schillerndsten Detailwissen zu Themen, bei denen sich vermeintlich »gebildeten« Mitspielern vor Abneigung der Magen umdreht. GG. können gut darauf verzichten, alle hessischen Landtagspräsidenten seit 1991 zu kennen. Wahrscheinlich werden sie auch beim durchdeklinieren des Periodensystems neben dem Element »Neon« nicht viel beitragen wollen. Ihnen liegt es näher, sich umfangreichen Sozialstudien und Quellenanalysen zu widmen, die Stars und Sternchen der Bekanntheitsstufen A bis D in Beruf und Alltag untersuchen. Auch die Fragen der Mode gehen den GG. gut von der Hand. In diesen Bereichen sind sie so gut wie unschlagbar, ganz gleich ob es um die Schuhgrößen der Hollywood-Belegschaft oder die Namen derer Kinder geht.

Im Bereich Musik und Film können GG. genauso eine Stütze des Teams sein wie in den Bereichen Wellness und Gesundheit: Was die richtige Zuordnung und Deutung von Krankheitssymptomen angeht, sind sie ebenso firm wie in der Frage, welche Feuchtigkeitslotionen für welchen Hauttyp die sichtbarste Wirkung versprechen. Anders als andere Mitspieler würden GG. allerdings niemals die Augen verdrehen, wenn eine Quizfrage gestellt wird, die nach eigener Ansicht viel zu einfach ist. Vielmehr nehmen sie auch diese ernst und warnen davor, solche hochmütig zu unterschätzen.

Die GG. sind anspruchsvoll bis launisch und müssen vom Team richtig behandelt werden: Sie wollen nicht darauf reduziert werden, dass sie einen Großteil ihrer Zeit mit dem scheinbar nutzlosen Konsum von Frauenzeitschriften, Boulevardmagazinen und Promi-Reportagen verplempern, wie es vielleicht die vermeintlich Gebildeten formulieren würden. Sie wollen dafür geachtet werden, dass ihnen Menschen wichtig sind und sie einen guten Blick fürs Detail haben. Neben den fachlichen Spezialgebieten sind sie nämlich gerade durch ihre Intuition und ihre gute Menschenkenntnis wichtig für das Quizteam. Es lohnt sich also die GG. mit an Bord zu haben, auch wenn mal ein Abend ohne Fragen nach Sex-Beichten oder Mode-Pannen von Prominenten vergeht. In diesem Falle müssen Sie (noch mehr als sonst) darauf achten, dass die Motivation der GG. nicht sinkt und sich in Richtung anderer Teammitglieder entlädt. Intellektuelle sollten deshalb die Fähigkeiten und Vorzüge der GG. zu schätzen und achten wissen. Ohne die

GG. dürfte es schwierig werden, sich mittelfristig im Spitzenfeld des Quiztableaus zu etablieren. Also lieber gleich den Prosecco kalt stellen und auch beim eigenen Auftritt auf Kleidung und Haargestaltung achten. Die GG. werden es Ihnen danken und sich umso mehr im Kampf mit den Fragen zum Boulevardgeschehen für das Team zerreißen.

QUIZ GERMANY

Lokalpatrioten und Dorfschönheiten aufgepasst! Wer in dieser Runde nicht als hässliches Entlein dastehen will, sollte lieber noch einmal die Fakten rund ums Heimatland sortieren: Wie heißt die amtierende Miss Sachsen-Anhalt? Wie viele verschiedene Begriffe für das abgefressene Innenleben eines Apfels gibt es noch gleich im Deutschen? Wie lang fährt man mit der Regionalbahn von Bayreuth nach Beirut? Alle Antworten per Brieftaube an den Deutschen Michel der Ornithologie,

Wanda Eule

KATEGORIE 1

Stadt, Land, Fluss

1. Welche deutsche Stadt war unter den Endbewerbern für die Olympischen Spiele 2012?

2. Welche deutsche Großstadt hat in ihren Fußgängerampeln ein Gelb-Signal?

3. Welcher heutige Bezirk einer deutschen Stadt war vor 200 Jahren die größte Stadt Dänemarks?

4. Welche Ehrung erfuhren die deutschen Buchenwälder im Jahr 2011? (!)

5. Welches deutsche Verfassungsorgan ist das einzige, das außerhalb Berlins liegt?

(!) BESTE FALSCHE ANTWORT: **Auszeichnung für zufriedenste Tiere**

KATEGORIE 2

Saarländische Grünkohlköniginnen

1. Wie hieß die erste Siegerin bei *Germany's Next Topmodel*?

2. In welcher Düsseldorfer Diskothek wurde Claudia Schiffer entdeckt?

3. Welche drei wesentlichen Voraussetzungen muss eine Miss Germany – neben ihrem Alter zwischen 16 und 28 und ihrem Geschlecht – noch erfüllen?

4. Die Diätbücher welcher deutschen Frauenzeitschrift, die es bereits seit den sechziger Jahren gibt, gelten heute als Klassiker?

5. Welche Städte gelten als »Big 5«, wenn es um internationale Modenschauen geht?

KATEGORIE 3

Deutschland, deine ...

1. Welche drei Bundesländer waren noch nie mit einem Verein in der 1. Fußball-Bundesliga vertreten?

2. Wie heißen die Jugendsender folgender öffentlicher Rundfunksender:

   (a) RBB
   (b) MDR
   (c) WDR
   (d) Radio Bremen
   (e) NDR

3. Wer war die erste Ministerpräsidentin Deutschlands?

4. Welchen Nobelpreis erhielten deutsche Staatsbürger am häufigsten?

5. Welchen Begriff, der einem Teil der deutschen Bevölkerung eine gewisse Arroganz attestiert, wählte die Gesellschaft für deutsche Sprache 1991 zum Wort des Jahres?

KATEGORIE 4

Deutschland und die Welt

1. Welche osteuropäischen Städte tragen diese z. T. noch heute verwendeten Namensbezeichnungen?
   (a) Laibach
   (b) Agram
   (c) Preßburg
   (d) Lemberg

2. Wessen Gemälde ist das teuerste je versteigerte Bild eines deutschen Künstlers?

3. Wie viel Prozent der in Deutschland gestellten Asylanträge werden durchschnittlich genehmigt?

4. Nach welchem deutschen Politiker der Weimarer Republik sind u. a. ein Dorf in Tadschikistan, eine Siedlung in der Ukraine und eine Insel in Kuba benannt?

5. Ergänzen Sie dieses berühmte Zitat von Gloria von Thurn und Taxis aus dem Jahr 2001: »Afrika hat Probleme nicht wegen fehlender Verhütung. Da sterben die Leute an Aids, weil sie zu viel __________. Der Schwarze __________ gerne.«

KATEGORIE 5

Sie sprechen Deutsch?

1. Welches epochale Werk, das durch die Gebrüder Grimm im Jahr 1854 begonnen worden war, wurde erst über 100 Jahre später mit dem 32. Band fertiggestellt?

2. Welches sind nach der Anzahl der Muttersprachler die fünf meist gesprochenen Sprachen der Welt?

3. Wo findet man das für Sprachkompetenz zuständige Wernicke-Zentrum? (!)

4. Vor allem im süddeutschen Raum wird das sogenannte »Ultra-Plusquamperfekt« als Vergangenheitsform gebraucht. Bilden Sie dieses für das Verb »schreiben« in der 1. Person Singular.

5. Um welche Pronomen handelt es sich?

   (a) wir
   (b) dieser
   (c) mich
   (d) euer
   (e) wessen?

(!) BESTE FALSCHE ANTWORT: Dortmund. Begründung: Die Afrikaner aus der Mitfahrgelegenheit wollen da immer hin.

HOW MUCH IS THE QUIZ?

Sie haben in den Neunzigern ein Praktikum im Weißen Haus absolviert und haben Erfahrungen in der Verhüllung repräsentativer Staatsgebäude? Sie wissen, wie man beim Elchtest Tunnelpfeiler weiträumig umfahren kann, und verfügen über Grundkenntnisse im Klonen von Nutztieren und Bestellen blühender Landschaften? Dann sind Sie in dieser Quizrunde genau richtig. Denn nur wer mit dem Inventar der neunziger Jahre gut vertraut ist, wird den übrigen Teilnehmern die Becker-Faust zeigen können. Ich habe fertig,

Wanda Eule

KATEGORIE 1

Blühende Landschaften

1. Mit welcher Ziffer beginnen die Postleitzahlen in Dresden seit 1993?

2. Welches französische Unternehmen übernahm zu Beginn der neunziger Jahre die Chemiewerke im ostdeutschen Leuna?

3. Wer ging mit dem Satz »Das tritt nach meiner Kenntnis … ist das sofort, unverzüglich« in die Geschichtsbücher ein?

4. Von welchem Bundesland ist die Rede, wenn die Namen Gomolka, Seite, Ringstorff und Sellering fallen?

5. In der DDR gab es die Städte »Stalinstadt« und »Karl-Marx-Stadt«. Wie heißen diese Städte seit der Wende?

KATEGORIE 2

Ich glotz TV

1. Wie heißen die beiden freundlichen Reiseleiter im Film *Club Las Piranjas*?

2. Welcher Moderator führte durch die erste *Big Brother*-Staffel im Jahr 2000?

3. Manfred Krug war 1996 in einer großen Werbekampagne im Fernsehen zu sehen. Wofür warb er?

4. Mit welchen zwei Worten beginnt das Schlusslied der *Mini Playback Show*?

5. Wie hieß die SAT.1-Unterhaltungssendung aus den neunziger Jahren, die zum Ziel hatte, Kontakt zwischen vermissten Personen und deren Angehörigen herzustellen?

KATEGORIE 3

Eines Tages in den Neunzigern

1. Was hielt Lady Diana bei ihrer Beerdigung in der Hand?

2. 1999, drei Jahre vor der Einführung des Euro, wird die deutsche Mark wo in Europa offizielle Währungseinheit?

3. Im Sommer 1995 sorgt ein Urteil des Bundesverfassungsgerichts zur bayerischen Volksschulordnung für heftige Diskussionen. Um welchen vermeintlichen Verstoß gegen das Grundgesetz ging es in diesem Streit?

4. An wessen Seite gewann Michael Stich 1992 das Doppelfinale von Wimbledon?

5. Womit sorgte Thomas Drach am 25. März 1996 für Aufsehen? (!)

(!) **BESTE FALSCHE ANTWORT: Er klonte das Schaf »Dolly«.**

KATEGORIE 4

Musik der Neunziger

1. Wie heißt das Queen-Album, das 1995 erschien und die letzten Aufnahmen Freddie Mercurys enthält, die vor seinem Tod 1991 entstanden waren?

2. Wie nennt sich das Musikgenre, das vor allem in den neunziger Jahren an der Kombination aus Dance-Rhythmus, Pop-Refrain und Rap-Strophe zu erkennen war?

3. Der Musikmanager Lou Pearlman hatte ein besonders gutes Händchen für Bands welchen Typs?

4. Sortieren Sie folgende Musikereignisse chronologisch in das Jahrzehnt!

   (a) Selbstmord Kurt Cobains
   (b) Roger Waters *The Wall*-Konzert mit über 200 000 Zuschauern in Berlin
   (c) Gründung der Musiktauschbörse Napster
   (d) Los Del Rio stehen mit Macarena über Wochen auf Platz 1 der deutschen Charts
   (e) In Berlin öffnet der Techno-Club »Tresor«
   (f) Michael Jackson wird Vater des kleinen Michael Joseph Jackson jr., genannt »Prince Michael«

5. Welchen Job übernahm Claudio Abbado 1988 von Herbert von Karajan, um ihn bis 2002 zu behalten?

KATEGORIE 5

Jetzt auch online

1. Welcher nach einem Künstler benannte Virus versetzte erstmals im April 1991 die Computernutzer weltweit in Sorge und wurde zeitweilig unerkannt auf Neuprodukten von Softwareherstellern ausgeliefert?

2. An der TH Karlsruhe wurde am 3. August 1984 um 10:14 Uhr MEZ welches Ereignis gefeiert, das in die Internetgeschichte eingehen sollte?

3. Der Begriff »Spam« kommt ursprünglich aus dem Lebensmittelsektor. Welches Produkt steckt hinter dem Label »SPAM«?

4. Für welche Ausdrücke im Netzjargon stehen folgende Abkürzungen:

   (a) FTW
   (b) IMHO
   (c) ROFL
   (d) YOLO
   (e) XOXO

5. Welcher Prominente war in den Neunzigern mit dem Spruch »Bin ich schon drin?« in einer TV-Werbung zu sehen?

QUIZ ILLU

Wilder Spaß zu fünft! Tumultartige Zustände rund um den Lösungszettel dieser Fragerunde. Augenzeugen berichten von tabulos am Bleistift kauenden Quizteams, die hemmungslos Fragen zu menschlichen Abgründen, erotischen Abenteuern sowie Stars und Sternchen beantworten. Werfen Sie also lieber noch einmal einen Blick in den Bett-Knigge oder informieren sich noch einmal gründlich in der Fachabteilung Ihres Bahnhofskiosks. Kommt im Anschluss bestimmt noch auf einen Kaffee mit rauf:

Wanda Eule

KATEGORIE 1

Skandalös!

1. Nennen Sie die jeweiligen Skandale zu folgenden Stichwörtern!

(a) Waterkantgate
(b) Cafe King Berlin
(c) Thalidomid

2. Stellen Sie sich vor, in der Zeitung wird falsch über Sie berichtet. Sie erwirken vor Gericht eine Gegendarstellung. Welche Bedingungen muss diese erfüllen?

3. Welcher Skandal wurde durch eine Rezension von Andreas Fischer-Lescano in der Zeitschrift *Kritische Justiz* endgültig ins Rollen gebracht?

4. Welches Beweismittel diente im Juli 1998 vor Gericht zur Feststellung der Lewinsky-Affäre?

5. In einem IKEA-Möbelhaus im tschechischen Brünn fand welcher Skandal der nuller Jahre einen seiner Höhepunkte?

KATEGORIE 2

Bunt auf Weiß

1. Wie lautet der Titel des Kreuzworträtsels der Wochenzeitung *Die Zeit*, von dem es mittlerweile mehr als 2000 Folgen gibt?

2. Unter welchem Pseudonym schlich sich Günter Wallraff als Redakteur bei der *Bild-Zeitung* ein, um deren Machenschaften aufzudecken?

3. Wer zählt u.a. Jakob Augstein, Georg Diez, Sascha Lobo, Jan Fleischhauer und Sibylle Berg zu seinen Kolumnisten?

4. Was wird im Zeitungswesen als »Schusterjunge« bezeichnet?

5. Woher kommt eigentlich der Begriff »Boulevardzeitung«?

KATEGORIE 3

Liebe, Sex und Zärtlichkeit

1. Von wem stammt folgender Satz: »Die Immunschwächekrankheit Aids ist nicht mit Kondomen zu überwinden, im Gegenteil, das verschlimmert nur das Problem«?

2. Mit diesem starken Reizgift, das zeitweise auch für Hinrichtungen und Folterungen verwendet wurde, brachte sich seinerzeit schon der deutsche König Heinrich IV. auf Touren! Wie heißt es?

3. Von welcher umstrittenen sexuellen Entdeckung berichtete der Arzt Ernst Gräfenberg in einem Artikel 1950?

4. Welcher Hamburger Soziologe schrieb die Bücher *Sex-Front* und *Das Sex-Buch*?

5. Was kommt zum Einsatz, wenn der Partner es gerne »italienisch« machen möchte? (!)

(!) BESTE FALSCHE ANTWORT: **Teigwaren**

KATEGORIE 4

Promis auf Irrwegen

1. Durch welchen Fauxpas geriet der TV-Moderator Wolfgang Lippert 1997 in die Schlagzeilen?

2. In welchem Zusammenhang titelte die *Berliner Zeitung* im Frühjahr 2014 »Der Runde muss ins Eckige«?

3. Im Mai 2010 warf Moderator Johannes B. Kerner die Ex-*Tagesschau*-Sprecherin Eva Herman aus seiner Sendung, weil sie sich zu positiv über die Familienpolitik der Nationalsozialisten geäußert hatte. Wer war in dieser Sendung noch zu Gast?

4. Mit welchem Aufmacher schlug die *Titanic* 2003 Roberto Blanco für die Wahl zum Bundespräsidenten vor?

5. Sortieren Sie diese Personen aufsteigend nach der Anzahl ihrer Ehen:

(a) Joschka Fischer
(b) Dieter Bohlen
(c) Gerhard Schröder
(d) Franz Beckenbauer

KATEGORIE 5

0190 666 666

1. Welche Länder erreicht man unter folgenden Vorwahlen?

(a) +33
(b) +44
(c) +55

2. In US-amerikanischen Spielfilmen haben Telefonnummern in vielen Fällen dasselbe Präfix. Welches ist es?

3. Was ist eine »Robinsonliste«? **(!)**

4. Ohne das Instrument der Gabelschaltung wäre es deutlich unkomfortabler zu telefonieren. Warum?

5. In welchem Land wird statt »Handy« der Begriff »Natel« verwendet?

(!) BESTE FALSCHE ANTWORT: **Das Telefonbuch von Hallig Hooge**

»Das schaffen wir!«

SPIELERTYP IX

Die Teamplayer

Die T. sind eine Spezies des Quizsports, die es in fast jedem Quizteam zu finden gibt. Sie beschränken sich zumeist auf nur wenige Rede- und Antwortbeiträge und treten oft nur auf Nachfrage in Erscheinung. Dennoch sind sie so etwas wie die »guten Seelen« der Gruppe und lenken das Spiel und das Team auf emotionaler und organisatorischer Ebene.

Die T. sind am Tisch eher unauffällig, haben das Spiel und auch die Konkurrenz aber immer im Blick. Sobald die Zeit, in der die Fragen gelöst und auf dem Zettel eingetragen werden müssen, abläuft, schlagen sie Alarm. Während die Experten noch völlig in ihre Themen vertieft sind, mahnen die T. jetzt zur Eile und sorgen dafür, dass nun zur Not auch unausgegorene Ideen den Platz auf den freien Feldern des Antwortzettels schaffen. Ihre wahren Stärken spielen die T. dann aus, wenn andere nicht weiterwissen oder das Team sich nicht entscheiden kann. Sie ahnen intuitiv, welche Seite zu unterstützen ist, und lenken das Spiel damit auf ihre ganz eigene Weise. Dadurch dass sie das Team und seine Rituale gut kennen, können sie gut Stimmungen auffangen und kleinere Konflikte lösen, die etwa dann entstehen, wenn Experten und Zweifler mit unterschiedlichen Meinungen aufeinandertreffen. Am Quiz selbst schätzen die T. vor allem den sozialen Aspekt, die Geselligkeit und das gemeinsame Spielen. Es kommt ihnen dabei nicht primär darauf an zu gewinnen, sondern einen abwechslungsreichen und guten Abend zu haben. Deshalb können ihnen Niederlagen und Abende, an denen man nicht viele Fragen beantworten konnte, auch nichts anhaben. Im Gegenteil: Verfügt ein Team ausschließlich über Spieler, die von Niederlagen schlechte Laune bekommen wie z. B. verbissenen Kandidaten, besteht die Gefahr, dass die Stimmung kippt und das Team beim nächsten Mal nicht mehr zustande kommt. Die T. können hier der ruhende Pol der Gruppe sein und noch einmal an den olympischen Gedanken bzw. an den Spiel-Gedanken erinnern. Nicht zuletzt sind die T. oft diejenigen, die für Getränkenachschub sorgen, im Team gewonnene Schnapstrophäen bei sich verwahren, um zu gegebenem Zeitpunkt einen Teamabend zu veranstalten. Sie tragen auch dadurch zur Stimmung bei, indem sie schon mal selbst gebastelte Team-Glücksbringer für den Spieltisch mitbringen oder Halstücher färben, die dann als Erkennungsmerkmal von allen Teammitgliedern getragen werden, um die Gruppe noch enger zusammenzuschweißen und das Wir-Gefühl zu stärken. Andere Quizspieler verdrehen hierbei gerne mal die Augen. Aber auch sie wissen: Nicht zuletzt der Team-Spirit entscheidet über den Erfolg und hierfür sind die T. eine unschlagbare Waffe.

QUIZ TAYLOR

Licht! Kamera! Und Action, liebe Quizfreunde! Egal ob man Sie regelmäßig in den Hollywood Hills, im Movie-Park Kirchhellen oder nur in der Videothek an der Ecke antrifft: So gut wie in dieser Runde standen Ihre Chancen auf den Oscar der Quizbranche selten. Schlüpfen Sie also ins kleine Schwarze, toupieren Sie die Locken ordentlich hoch und zeigen Sie, dass das internationale Filmgeschäft das Parkett ist, auf dem Sie sich am elegantesten bewegen. Es wartet solange Backstage: Bambis Erzfeind,

Wanda Eule

KATEGORIE 1

Übernext stop: Hollywood!

1. Wie hieß das Dolby Theatre, in dem jedes Jahr die Oscarverleihung stattfindet, bis 2012?

2. Welche Popstars waren auch Hauptdarsteller der australischen Seifenoper *Neighbours*, die in den neunziger Jahren immerhin 844 Folgen lang im deutschen Fernsehen zu sehen war?

3. Der Regisseur Busby Berkeley war in der ersten Hälfte des 20. Jahrhunderts für seine aufwendigen Musical-Filme bekannt. Welche Elemente aus Berkeleys Filmen gelten bis heute als Inspiration für Tanzfilme und Musik-Clips?

4. Christoph Waltz gilt als einer der heißesten Deutschen Exporte in Hollywood. Nennen Sie die Filme, in denen Waltz folgende Figuren darstellt:

(a) Hans Landa
(b) Dr. King Schultz
(c) Kardinal Richelieu
(d) Benjamin Chudnofsky

5. Das bekannte »Hollywood«-Schild wurde 1923 errichtet, um für den Verkauf von Grundstücken zu werben. Bis 1978 stand dort aber nicht Hollywood, sondern was?

KATEGORIE 2

Schöne Haare

1. Wie heißen die Pigmente, aus dem das menschliche Haar (sowie auch Haut und Augen) seine Farbigkeit bezieht?

2. Mit welchem Film verhalf Martin Scorsese dem Irokesenschnitt im Jahre 1976 zu größerer Bekanntheit?

3. Welches haarige Geständnis schockierte Tennis- und Damenwelt im Oktober 2009?

4. Heinrich Hoffmanns Geschichte über diesen ungekämmten Helden trug in seiner Erstausgabe noch den Untertitel »Lustige Geschichten und drollige Bilder«. Unter welchem Namen ist es heute bekannt?

5. Welche Frisur meint der Amerikaner, wenn er sagt: »Business in the front, party in the back«?

KATEGORIE 3

Klassiker

1. Wer führte Regie beim wohl bekanntesten Film Marilyn Monroes *Manche mögen's heiß*?

2. Welcher Film mit der niederländischen Schauspielerin Silvia Kristel in der Hauptrolle war die erfolgreichste französische Filmproduktion der siebziger Jahre und lief allein acht Jahre in den Pariser Kinos?

3. Zu welchem Film aus den Neunzigern, der sechs Oscars und drei Golden Globes gewann, lieferte Winston Groom die wenig beachtete Romanvorlage?

4. Wie heißt die Figur, die im Film *Die nackte Kanone* von OJ Simpson verkörpert wurde?

5. Wie heißt das bekannte dänische Komikerduo der Stummfilmzeit, das zwischen 1921 und 1940 mehr als 50 Filme drehte?

KATEGORIE 4

Abseits der Kamera

1. Welcher Schauspieler wurde 1995 beim Sex mit einer Prostituierten im Auto erwischt?

2. Sie suchen einen Job beim Film und stoßen auf englische Stellenanzeigen für folgende Positionen. Was verbirgt sich dahinter?

(a) Gaffer
(b) Dolly Grip
(c) Second Unit Director

3. Welches ungewöhnliche Angebot machten brasilianische Ureinwohner dem Regisseur Werner Herzog bei dessen Dreharbeiten zum Film *Fitzcarraldo*? **(!)**

4. Welcher amerikanische Schauspieler, Regisseur und Drehbuchautor war von 1986 bis 1988 Bürgermeister der kalifornischen Stadt Carmel?

5. Welches Opfer musste Hauptdarstellerin Uschi Glas in der Post-Produktion des Karl-May-Films *Winnetou und das Halbblut Apanatschi* bringen?

(!) BESTE FALSCHE ANTWORT: Sie boten an, den Film zu schneiden.

KATEGORIE 5

Ladies

1. Was ist dem (männlichen) Golfer passiert, wenn er beim Abschlag eine »Lady« oder auch »Dame« schlägt? (!)

2. Ordnen Sie folgende First Ladies den Ländern zu, die durch ihre Männer regiert werden oder wurden!

   (a) Cristina Kirchner
   (b) Margit Fischer
   (c) Muna Al-Hussein
   (d) Aliza Olmert

3. Der Song »She's a Lady«, mit dem Tom Jones einen großen Hit feierte, wurde komponiert von dem Mann, der auch die englische Version von Frank Sinatras »My Way« schrieb und heute einer der bekanntesten in Kanada geborenen Komponisten ist. Wie heißt er?

4. Welche besondere Eigenschaft haben jene thailändischen Frauen, die als »Kathoey« bezeichnet werden?

5. Wer beim Doppelkopf zwei Kreuzdamen in seinem Stapel Karten findet, der feiert was?

(!) BESTE FALSCHE ANTWORT: **Er hat beim Ausholen seine Frau getroffen.**

QUIZTAL METH

So, Sie Opfer! Ein paarmal gut geraten, und schon sieht man in Ihren Augen dieses unstillbare Verlangen nach mehr fein verklausulierten Fragen. Aber wenn Sie auch in harten Zeiten nicht im Fixstern des Quizsports enden wollen, sondern vielleicht sogar Ihr eigenes Wissenskartell aufbauen möchten, müssen Sie noch die eine oder andere Sinnestäuschung aushalten. Aber ich kann Sie beruhigen: Sobald die ersten Fragen verraucht sind, wird sich das nervöse Zittern schnell legen. Das verspricht Ihnen Ihr Cold Turkey,

Wanda Eule

KATEGORIE 1

Rauschmittel

1. In welchem Jahr fand die erste Mayday statt?

2. Wie hieß der Beatnik-Autor, der seine Morphiumsucht und sein Dasein als Heroindealer im autobiographischen Roman *Junkie* verarbeitete?

3. Der Titel »Pusherman« von Curtis Mayfield ist Titelsong welchen Films?

4. Welcher Berliner Schauspieler beschrieb seinen idealen Tag einst mit den Worten »Ein leichter Rausch und keine Termine«?

5. Die Hamburger Polizei beendete 1944 auf St. Pauli in einer großen Aktion den Handel mit welchem Betäubungsmittel?

KATEGORIE 2

Es wird geraucht, was auf den Tisch kommt!

1. Seit welchem Jahr ist in Deutschland keine Zigarettenwerbung mehr in Radio und Fernsehen erlaubt?

2. Was war das charakteristische Merkmal der Zigarettenmarke NIL bis zum Jahr 1928?

3. Nachdem die EU ihre Pläne konkretisierte, Menthol-Zigaretten zu verbieten, soll Altbundeskanzler Helmut Schmidt sich angeblich mit 200 Stangen seiner geliebten Marke eingedeckt haben. Wie heißt diese?

4. Wie heißt das Schauspieler-Duo, das für sogenannte »Stoner-Movies« bekannt wurde, in denen es auf komödiantische Art und Weise hauptsächlich um Cannabis-Konsum geht?

5. Welche Produkte vertreibt der französische Mischkonzern Bolloré, der zwischenzeitlich auch Odet Cascadec Bolloré hieß?

KATEGORIE 3

Glücksspiel

1. Könige in einem Kartenspiel repräsentieren alle ein reales Vorbild. Welche Könige stehen für die vier Farben?

2. Was versteht man im Bereich Spielbanken unter »Residenzverbot«?

3. In welchem Film aus dem Jahr 1965 spielt Steve McQueen einen jungen, aufstrebenden und meisterhaften Pokerspieler?

4. Mit wie viel Prozent werden Sportwetten laut Rennwett- und Lotteriegesetz besteuert?

5. Sortieren Sie diese Blätter beim Poker nach der Wahrscheinlichkeit ihres Erscheinens in den ersten 5 Karten:

   (a) Four of a kind
   (b) Straße
   (c) Full House
   (d) Flush

KATEGORIE 4

Folterinstrumente

1. Wer wurde unter dem Spitznamen »Der Großinquisitor aus Marktl am Inn« bekannt?

2. Das permanente Abspielen der Titelmusik welcher internationalen Kinderserie wurde in Guantánamo zu Folterzwecken eingesetzt?

3. Für welchen Mode-Fauxpas verwendet die Boulevardpresse den Begriff »Camel Toe«?

4. Der Hausmeister der TSG Hoffenheim sorgte in der Saison 2011/2012 beim Spiel gegen Borussia Dortmund für einen Bundesliga-Skandal, der mit Folter und Körperverletzung in Verbindung gebracht wurde. Wie?

5. 1961 testete der Psychologe Stanley Milgram die Bereitschaft durchschnittlicher Personen, autoritären Anweisungen auch dann Folge zu leisten, wenn sie in direktem Widerspruch zu ihrem Gewissen stehen. Wie geschah dies?

KATEGORIE 5

Willkommen im Labor

1. Wie heißt die Fast-Food-Kette, die in der Fernsehserie *Breaking Bad* eine wichtige Rolle spielt?

2. Welche chemischen Stoffe verbergen sich hinter folgenden Symbolen C, N, P, Ni und Ag?

3. Der Chemiker Emil Erlenmeyer ist verantwortlich für eine Erfindung, die im Labor nicht mehr wegzudenken ist. Welche?

4. Sie finden im Schrank einen zerrissenen Merkzettel, auf dem steht: »... Backpulver rein, Essig drauf, dichtmachen, 10 Min. später ...« Erinnern Sie sich, wofür dieser Zettel noch gleich gut war?

5. Was bedeutet es im Labor gemeinhin, ein Verfahren »russisch« durchzuführen?

NIGHTMARE BEFORE QUIZMAS

Brust oder Eule, liebe Quizfreunde? Um übermäßige Gewichtszunahme über die Weihnachtsfeiertage zu vermeiden, bietet sich Ihnen nun die Möglichkeit, mit ein wenig Denksport vorzubeugen: Wie viele Marzipankartoffeln passen in eine Weihnachtsgans? Welche diabolische Botschaft ist zu hören, wenn man Rolf Zuckowskis »In der Weihnachtsbäckerei« rückwärtslaufen lässt? Und womit hält sich Knecht Ruprecht eigentlich den Rest des Jahres über Wasser? Folgen Sie dem Stern Ihrer Erleuchtung oder den Geistesblitzen Ihrer Mitspieler, dann werden Sie in dieser Runde sicherlich reichlich beschenkt! Frohes Fest wünscht:

Wanda Eule

KATEGORIE 1

Armageddon

1. Der Begriff Armageddon stammt aus der Bibel und bezeichnet in der Offenbarung des Johannes den Ort der endzeitlichen Entscheidungsschlacht im »Krieg des großen Tages Gottes, des Allmächtigen«. Welche Art von Landmarke ist dieser Ort genau?

2. Welches klassische Musikstück wird während eines Hubschrauberangriffes im Filmklassiker *Apocalypse Now* gespielt?

3. Es gibt sieben Weltuntergangsszenarien, die naturwissenschaftlich erklärbar sind. Nennen Sie drei!

4. Von wem ist der Satz überliefert: »Wenn morgen die Welt unterginge, würde ich heute ein Apfelbäumchen pflanzen.«? (!)

5. Wo feiert man den »Tag der Toten« als einen der höchsten Feiertage des Landes?

(!) BESTE FALSCHE ANTWORT: **Martin Luther King (zum besseren Verständnis vgl. Sie diese Antwort bitte mit der richtigen)**

KATEGORIE 2

Weihnachten international

1. Welches Fernsehereignis am Vormittag des 22. Dezember läutet traditionell das Weihnachtsfest in Spanien ein?

2. Welches Kartenspiel trägt denselben Namen wie der Assistent des holländischen Nikolaus?

3. Welches niedersächsische Dorf im Kreis Stade erreichen alljährlich Tausende Weihnachtsbriefe, die an den Weihnachtsmann adressiert sind?

4. Wie wird das russische Pendant zum deutschen Weihnachtsmann genannt?

5. Wie wird im anglo-amerikanischen Sprachraum der Tag nach Weihnachten, also der 26. Dezember, genannt?

KATEGORIE 3

Frohes Fest!

1. Welcher Abschnitt des Kirchenjahrs endet mit dem 1. Advent?

2. Was liegt bei Loriots Familie Hoppenstedt unter dem Weihnachtsbaum?

3. Welches sind die drei erstgenannten Personen in der Weihnachtsgeschichte nach Lukas?

4. Mit welcher Aufforderung beginnt das Weihnachtsoratorium von Johann Sebastian Bach?

5. Welcher immergrüne Parasit findet nicht nur seinen Platz in weltweiten Weihnachtsdekorationen, sondern ist ebenso zentraler Teil des Zaubertrankes in den Asterix-Comics?

KATEGORIE 4

Süßes oder Saures

1. Wofür steht die Abkürzung »HARIBO«?

2. Die Maschine zur Herstellung welcher ca. sechs Gramm schweren Süßigkeit wurde auf der Weltausstellung 1897 in St. Louis erstmals präsentiert?

3. Welche zur Weihnachtszeit beliebte Süßigkeit kommt aus der Region um Alsdorf, Baesweiler, Eschweiler, Stolberg und Würselen?

4. Ergänzen Sie diesen Lückentext: »In der ... gibt es manche ... Zwischen ... und ... macht so mancher ... eine riesengroße ...«

5. In welchen Weihnachtsfilmen geht es den »feuchten Banditen« an den Kragen?

KATEGORIE 5

Geschenke

1. Zu Weihnachten bekommen Sie einen Gaul geschenkt. Entgegen der Redewendung schauen Sie ihm doch erst einmal in sein Maul, schließlich wollen Sie nachsehen, ob auch alles da ist. Wie viele Zähne sollten denn (+/- 3) drinnen sein, in so einem Gaul?

2. Welchem Staatschef brachten die Gäste zu Staatsbesuchen üblicherweise Tiere für seinen Privatzoo auf der Insel Brijuni mit?

3. Was ist ein »Danaergeschenk«?

4. Welches Geschenk versprach im Jahr 2000 der Chefredakteur des Satire-Magazins *Titanic* den FIFA-Exekutivmitgliedern in einem Bestechungsfax für den Fall, dass sie bei der Vergabe der Fußball-Weltmeisterschaft 2006 für Deutschland stimmen würden?

5. Ihre Tante hat zu Weihnachten einen eigentümlichen Wunsch. Sie wünscht sich irgendetwas, das die NASA erfunden hat. Welches dieser Dinge wäre ein mögliches Geschenk?

(a) Plastiktüte
(b) Funkwecker
(c) Lesezeichen
(d) Akkubohrer
(e) Tupperware
(f) Elektrische Zahnbürste
(g) Konservendose

D
2 Stimmen

LÖSUNGEN

HAUTE QUIZINE

KATEGORIE 1: Quiz oder stirb!

1. Lösungen:
(a) Stollen
(b) Lebkuchen
(c) Marzipan
(d) Printen
(e) Klaben

2. Lösungen:
(1) 6 Nürnberger Rostbratwürstchen 7,80 €
(2) Chili con Carne 8,20 €
(3) Hühnerfrikassee 9,90 €
(4) Königsberger Klopse 10,90 €

3. Der Goldene Windbeutel ist ein Negativpreis, der jährlich von der gemeinnützigen Organisation Foodwatch verliehen wird. Mit dem Preis soll auf die Unterschiede zwischen beworbenen Qualitätsversprechen und den tatsächlichen Eigenschaften von Lebensmitteln hingewiesen werden.

4. Thermomix

5. Ein Rotisseur ist in größeren gastronomischen Einrichtungen für den Braten verantwortlich.

KATEGORIE 2: Einmal die 17 mit der Sauce von der 23, bitte!

1. Am 31. Januar 1990 eröffnete in Moskau die erste McDonald's-Filiale.
2. Die Qualität von Gurken, auch Gurken-Verordnung bzw. Gurkenkrümmungsverordnung genannt
3. Wenn Sie in den Niederlanden Kibbeling bestellen, erhalten Sie Backfisch in kleinen, mundgerechten Stücken.
4. Für seine Molekularkochkunst
5. Aus gekochtem Kuheuter

KATEGORIE 3: Und was kommt da alles rein?

1. Lösungen:
   (a) Limburger (Rotschmierkäse)
   (b) Brie (Weißschimmelkäse)
   (c) Harzer Roller (Sauermilchkäse)
   (d) Gorgonzola (Blauschimmelkäse)

2. Lösungen:
   (a) Nutella
   (b) Goldbären
   (c) Mars-Riegel
   (d) Lakritz-Schnecken

3. Labskaus

4. Lösungen:
   (a) Feuerrot: Marzipan
   (b) Dunkelgrün: Ganze Mandel
   (c) Hellblau: Alpenmilch

5. Fruchtzwerg

KATEGORIE 4: Alle hassen Blumenkohl

1. Kürbisgewächse

2. Die Scoville-Skala ist eine Skala zur Abschätzung der Schärfe von Früchten.

3. Thymian

4. Jackfrucht

5. Bockshornkleesamen

KATEGORIE 5: Ellenbogen vom Tisch!

1. Sie dürfen nicht mit dem Messer geschnitten werden.

2. Um 11 Uhr. s.t. heißt »sine tempore« und bedeutet »pünktlich«. c.t. bedeutet »cum tempore« und fügt

eine »akademische Viertelstunde« zur genannten Zeit hinzu.

3. Ansehen, lesen und sie »wie ein Geschenk« annehmen und einstecken. Bei Meetings sollte die Karte bis zum Ende der Besprechung auf dem Tisch liegen. Sie sollte in jedem Fall nicht ungesehen in die Tasche gesteckt werden.

4. Das Anciennitätsprinzip fragt nach dem Amtsalter, das Senioritätsprinzip nach dem biologischen Alter.

5. Sie liegt auf dem Schoß.

EIN QUIZCHEN SPASS MUSS SEIN

KATEGORIE 1: Wetten, dass ..?

1. 1981
2. Peter Maffay 18-mal, Udo Jürgens 14-mal, Herbert Grönemeyer 12-mal
3. Sechs Stück in den Farben Rot, Dunkelorange, Orange, Gelb, Grün und Weiß
4. Piratensender Powerplay
5. Mit der Moderatorin Birgit Schrowange

KATEGORIE 2: Nettes Hobby!

1. Michael Haneke
2. Call of Duty
3. Stopp-Essen
4. Mit Wappen
5. McDonald's

KATEGORIE 3: Sommer, Sonne, Strand und Meer

1. Steve Fossett
2. Havaianas
3. Dieser Mensch hat eine Vorliebe für Sommersprossen.
4. Französisch-Guayana
5. Wurfzelte

KATEGORIE 4: Sehr komisch!

1. Zonen-Gabi
2. Der deutsche Michel
3. Was Erwin Lindemann in mehreren Anläufen zu sagen versucht, ist: »Ich heiße Erwin Lindemann, bin Rentner und 66 Jahre. Mit meinem Lottogewinn von 500 000 Mark mache ich
   (a) erst mal eine Reise nach Island,
   (b) dann fahre ich mit meiner Tochter nach Rom und besuche eine Papstaudienz,
   (c) und im Herbst eröffne ich dann in Wuppertal eine Herrenboutique.«

4. Sie wirft ihn vom Balkon.

5. Saturday Night Live

KATEGORIE 5: Du bist dran!

1. Osten

2. Cosplay

3. Dies sind alles Bezeichnungen aus dem Schulsport und damit Aufgaben aus den unterschiedlichen Altersklassen-Bereichen der Bundesjugendspiele.

4. Dachauer, Acht ums Vordereck oder auch Pastörchen

5. Lösungen:
   (a) Skateboarden
   (b) Footbag
   (c) Surfen
   (d) Rollschuhlaufen an einer Strandpromenade
   (e) BMX Bike Racing
   (f) Frisbee Flying Disc

DIAGNOSE KREUZBANDQUIZ

KATEGORIE 1: Kommt ein Mann zum Arzt!

1. »Nehmen Sie doch beim Trinken den Löffel aus der Tasse.«

2. Bis Ende des Jahres 2012

3. (a) EKG (Elektrokardiogramm)
   (b) CT (Computertomographie)
   (c) MRT (Magnetresonanztomographie)

4. Ireen Sheer

5. Eine multiple Persönlichkeitsstörung, bei der die Patienten zahlreiche unterschiedliche Persönlichkeiten bilden, die abwechselnd die Kontrolle über ihr Verhalten übernehmen.

KATEGORIE 2: Das haben jetzt viele!

1. Im Sprunggelenk

2. Asperger-Syndrom

3. P – Pause
   E – Eis
   C – Compression
   H – Hochlegen

4. Ein Auskugeln oder Ausrenken: Eine Luxation ist ein vollständiger oder unvollständiger Kontaktverlust gelenkbildender Knochenenden.

5. (a) Morbus Scheuermann: Wirbelsäule
   (b) Morbus Crohn: Darm
   (c) Morbus Basedow: Schilddrüse/Augen/Kropf
   (d) Morbus Hashimoto: Schilddrüse

KATEGORIE 3: Aua, mein Arm!

1. Liam Gallagher von der Band Oasis. Die Konzerte in München und Hamburg mussten daraufhin abgesagt werden.

2. Pocken

3. Evander Holyfield

4. »... dann seh ich das.«

5. Mit dem WWF, dem World Wide Fund for Nature

KATEGORIE 4: Dreimal 20 Tropfen

1. »Schluckimpfung ist süß, Kinderlähmung ist grausam.«

2. Dem Tiger ist ein Streifen verrutscht.

3. (a) Dr. Markus Merk (ehem. Schiedsrichter): Zahnarzt
(b) Dr. Cliff Huxtable *(Bill Cosby Show)*: Gynäkologe
(c) Dr. John Michael *(Scrubs)*: Innere Medizin
(d) Prof. Dr. med. Klaus Brinkmann *(Schwarzwaldklinik)*: Chirurg

4. Genf

5. Aspirin Complex

KATEGORIE 5: Bleiben Sie fit!

1. Samantha Fox

2. Der Glykämische Index ist ein Maß zur Bestimmung der Wirkung eines kohlenhydrathaltigen Lebensmittels auf den Blutzuckerspiegel. Je höher der Wert, desto stärker steigt der Blutzuckerspiegel. Lösungen:
(1) Vollkornspaghetti 37
(2) Salzkartoffeln 50
(3) Basmati-Reis 58
(4) Pommes 75
(5) Weißer Reis 87

3. Dr. Kawashima

4. Zur Behandlung von Blutarmut, z. B. von Dialysepatienten, bei denen die Blutbildung infolge eines Nierenversagens gestört ist, sowie nach aggressiven Chemotherapiezyklen.

5. Acai

QUIZZLY-BÄR

KATEGORIE 1: Die Natur schlägt zurück

1. Lösungen:
   (a) Norddeutschland, Oktober 2013: Christian
   (b) New York, Oktober 2012: Sandy
   (c) Nord- und Westeuropa, Januar 2007: Kyrill
   (d) Südosten der USA, August 2005: Katrina

2. Weil in diesem die Entstehung eines Tsunamis beschrieben wird. An diese Passage erinnerten sich mehrere Zeugen des Tsunamis im Pazifik 2004 und konnten sich rechtzeitig in Sicherheit bringen.

3. Ralf Möller

4. Taifun

5. Im ersten Traum von sieben fetten und sieben mageren Kühen, im zweiten von sieben vollen und sieben dürren Ähren am Getreidehalm

KATEGORIE 2: Fuchs, du guckst ja ganz verstohlen

1. Roter Thunfisch

2. Gorillas in dem Film *Gorillas im Nebel*

3. Rosinante
4. Hedwig
5. Pudel

KATEGORIE 3: Bunt sind schon die Wälder

1. Little John
2. Photosynthese
3. Wo die wilden Kerle wohnen
4. Enzephalitis (Gehirnhautentzündung)
5. Lauffeuer

KATEGORIE 4: Wurzeln, Pflanzen, Säfte, Samen

1. Süßholz
2. Um die Exkremente loszuwerden, die sie über die Winterruhe im Bienenstock angesammelt haben
3. 3, denn 3 × 3 × 3 × 3 × 3 = 243
4. Es ist der Zweig eines Olivenbaums.

5. Ein Pilz, und zwar der Art Armillaria ostoyae, im Malheur National Forest, Oregon, mit einer Ausdehnung von ungefähr 965 ha

KATEGORIE 5: Sport mit Tieren

1. Westernreiten

2. Lösungen:
   (a) Ralf Zumdick: Zecke
   (b) Jürgen Wegmann: Kobra
   (c) Hans-Hubert Vogts: Terrier
   (d) Franz Roth: Bulle
   (e) Willi Lippens: Ente
   (f) Andreas Neuendorf: Zecke

3. Hundesportart, zu deren Kernstück ein Parcourslauf gehört

4. Spezialköder für Karpfen

5. Polo

BUTCH CASSIDY AND THE SUNDANCE QUIZ

KATEGORIE 1: Guten Tag, Herr Officer

1. Bei »weißen Einkünften« handelt es sich um Einkünfte, die bei grenzüberschreitenden Sachverhalten in keinem der in Frage kommenden Staaten besteuert werden.
2. Als »Situation Room« wird ein Raum im Weißen Haus bezeichnet, in dem z. B. in Krisen und Ausnahmesituationen alle verschlüsselte Kommunikation zusammenläuft und Einsätze koordiniert werden.
3. Sie dürfen Autos und Gepäck kontrollierter Personen durchsuchen.
4. Bayern
5. Der *Räuber Hotzenplotz* von Otfried Preußler

KATEGORIE 2: Aufs Maul!

1. Ben Becker
2. Aus den lateinischen Begriffen »labium«, was »Lippe«, und »bellus«, was »schön« bedeutet

3. Das Spalten der Zunge

4. Ameisen

5. Nach Bud Spencer, der dort als junger Mann einen Schwimmwettkampf gewann

KATEGORIE 3: High Noon in Bad Fallingbostel

1. Buffalo Bill

2. In den Flügeltüren im Saloon

3. Eine Form des Suizids, über den zwischen den Duellanten per Los oder Würfel entschieden wird

4. Am Bahnhof. Er wird mit dem Zug um *Zwölf Uhr mittags* erwartet.

5. Zum Zielen mit der Pistole mit offener Visierung

KATEGORIE 4: Da läuft der Schurke!

1. Irak, Iran und Nordkorea

2. Der Schakal

3. Der »nom de guerre« ist ein Kampfname, den sich ein politischer oder militärischer Führer zulegt, um die Identifikation der Kampfziele seiner Bewegung mit seiner Person herzustellen oder zu erhöhen (z. B. Stalin = der Stählerne).

4. »Halbautomatisch« bedeutet, es gibt einen Schuss per Druck des Abzugs, bevor nachgeladen werden muss, »vollautomatisch« bedeutet, es gibt mehrere Schüsse ohne Nachladen.

5. Die italienische Einstellung zeigt die Augen der Protagonisten in extremer Großaufnahme.

KATEGORIE 5: Helden der Steppe

1. Als Feldbefreiung wird die zielgerichtete Zerstörung von Feldern mit gentechnisch veränderten Pflanzen bezeichnet.

2. Das Guanako gehört zu den Lamas.

3. Lucky Luke

4. Silberbüchse

5. Um einen Sack schmutziger Wäsche von seiner Mutter waschen zu lassen

QUIZ IS NOT AMERICA

KATEGORIE 1: Big Apple

1. Hamburg
2. Dakota Building
3. Fashion Avenue
4. Lake Placid
5. ca. 80 m

KATEGORIE 2: Internationale Beziehungen

1. IWF, WTO, Weltbank
2. Schweiz, Thomas Bohrer
3. Skype
4. Berti Vogts
5. »Skål!«

KATEGORIE 3: Secret Service

1. Das Focaultsche Pendel

2. James Bond war am Ende des Films *Im Geheimdienst Ihrer Majestät* von 1969 verheiratet. Nach der Hochzeit fährt er mit seiner Frau eine Straße entlang und hält an. Ein Auto voller verhüllter Blofeld-Schergen fährt vorbei, sie schießen auf Bonds Wagen und töten seine Frau.

3. Karl-Heinz Kurras

4. Adam Weishaupt

5. Gauck-, Birthler-, Jahn-Behörde

KATEGORIE 4: U, S and A

1. Ein Truthahn

2. Für die 13 Gründungsstaaten

3. Kinder, deren Vater oder Mutter im Gefängnis sitzen

4. Chicago und Santa Monica (bzw. L. A.)

5. Atlanta

KATEGORIE 5: From Russia with love

1. In 9
2. Zitronenweizen bzw. Weizenradler
3. Sie bezeichnet die besonders enge Hängung von Gemälden.
4. Borschtsch
5. Die Spätaussiedler aus der Sowjetunion, die zwischen 1990 und 2001 nach Deutschland kamen.

DER GRAF VON MONTE QUIZTO

KATEGORIE 1: Monarchen im Alltag

1. Weil er mit Prinzessin Caroline von Monaco 1999 eine Katholikin heiratete.

2. Bobfahren

3. Sie waren alle Liebhaber von Lady Di.

4. Mit dem Versandhandel »Party Pieces«, der Partyzubehör für Kinder vertreibt

5. Die Gewichtszunahme kleiner verwöhnter Einzelkinder

KATEGORIE 2: Willy und die Windsors

1. Hape Kerkeling

2. Die Familien von Anstetten, von Lahnstein und von Beyenbach

3. Im New Yorker Stadtteil Queens

4. Der Mann mit der eisernen Maske

5. Mein neuer Freund

KATEGORIE 3: 1001 Nacht

1. Scheherezade
2. Cluedo
3. Heinrich von Kleist
4. Graf Zahl kann nicht einschlafen, weshalb Ernie ihm rät, doch Schafe zu zählen. Graf Zahl findet einen solchen Spaß daran, laut zu zählen, dass letztendlich Ernie nicht mehr schlafen kann.
5. *Prinzessin Lillifee*

KATEGORIE 4: Der König von Mallorca

1. **(a)** Knorr
   (b) O_2
   (c) E-Plus
2. Auf einem (unlenkbaren) Jetski
3. Um den Boxkampf zwischen Muhammed Ali und George Foreman in Zaire, 1974, der als »Rumble in the Jungle« in die Geschichte einging
4. Lösungen:
   (1) *Prince* (1979)
   (2) *Purple Rain* (1984)

(3) *Sign O' the Times* (1987)
(4) *Love Symbol* (1992)

5. Will Smith aka. »The Fresh Prince«

KATEGORIE 5: Adel verpflichtet

1. Seit dem Ende der Kaiserzeit im Jahr 1918

2. Marcus Prinz von Anhalt

3. Die Tätigkeit der Zofe, teilweise auch Kammerzofe genannt, erstreckte sich über die Instandhaltung der Garderobe der Hausherrin, über Näharbeiten bis hin zum Frisieren.

4. Bei den Olympischen Spielen 2000 in Sydney

5. Aus dem Leipziger Thomanerchor und dem Dresdner Kreuzchor

DIE WELT DER QUIZZENSCHAFT

KATEGORIE 1: Zeit und Raum

1. In die Zukunft. Es handelt sich dabei um das Phänomen der Zeitdilation.
2. Daylight Saving Time
3. Swatch
4. Fluxkompensator
5. Braunschweig

KATEGORIE 2: Von Euler bis Pythagoras

1. Kathete und Ankathete
2. Lösungen:

(a) 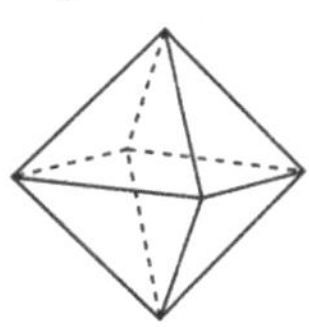

(b) 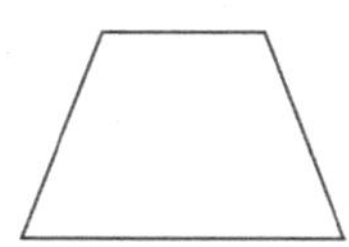

(c) 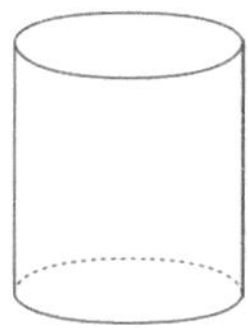

(d) 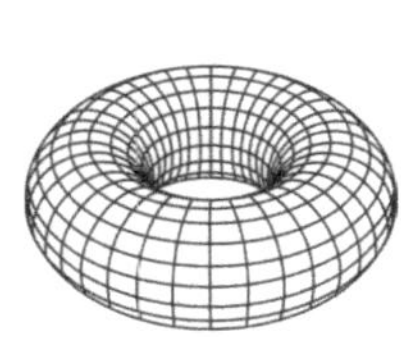

3. Es ist 21:00 Uhr.

4. Bertolt Brechts *Leben des Galilei*

5. 31

KATEGORIE 3: Was nicht passt, wird passend gemacht!

1. Die Freiheitsstatue

2. Ein Pilaster ist ein in den Mauerverbund eingearbeiteter Teilpfeiler, der auch als Wandpfeiler bezeichnet wird.

3. Auf dem Gelände des 1985 fertiggestellten, aber niemals in Betrieb genommenen Atomkraftwerks des Typs »Schneller Brüter« in Kalkar.

4. Der Deutsche Werkbund

5. Das Ulmer Münster mit 161,53 Metern

KATEGORIE 4: Zusatzkurs: Erdkunde

1. Atoll

2. Sonnenaufgang

3. Ägypten, Griechenland, Irak, Türkei

4. Wien, Bratislava, Budapest, Belgrad

5. Pakistan und China

KATEGORIE 5: Brodel, rums, peng, zisch!

1. Ampere ist die Basiseinheit der Stromstärke und der magnetischen Durchflutung.

2. Anpassungsfähigkeit (oder auch Reproduktionsfähigkeit)

3. Kieferorthopädie

4. Die »leuchtende Gurke«. An den Strom angeschlossen glüht sie wie eine Glühbirne.

5. Die Körpertemperatur eines gesunden Menschen

FERRIS MACHT QUIZ

KATEGORIE 1: Endlich Kabelfernsehen

1. 1984
2. *Ronny's Pop Show*
3. Aussetzen, Bankrott, Sonderpreis und Extradreh
4. Zini, das Wuslon
5. Wrestling

KATEGORIE 2: Auf ins Jahr 2000

1. *Die Wolke*
2. Ulf Merbold
3. Zündapp
4. Google Inc.
5. ca. 1

KATEGORIE 3: Game, Set, Match

1. Kevin Curren, Ivan Lendl, Stefan Edberg
2. Mount Everest
3. Die Vierschanzentournee
4. Köln (die Finalpartie lautete: 1. FC Köln gegen Fortuna Köln)
5. Golden Slam

KATEGORIE 4: Um Bonn und um Bonn herum

1. Um den Nato-Doppelbeschluss über die Aufstellung und Kontrolle atomarer Raketen in Europa
2. Gandhi
3. Offenheit bzw. Transparenz
4. Regierender Bürgermeister von Berlin
5. Die gefälschten Hitler-Tagebücher, die das Magazin *Stern* als echt veröffentlichte

KATEGORIE 5: Musik der Achtziger

1. Die Ärzte
2. 32 16 8
3. Giorgio Moroder
4. Plattenspieler. Sie waren DJs und gelten als Begründer des HipHop.
5. Den Smiley

STRICTLY QUIZNESS

KATEGORIE 1: Strategisches Denken

1. Lösungen:

(a) Verhandlungsstärke der Lieferanten
(b) Bedrohung durch neue Konkurrenten
(c) Verhandlungsmacht der Abnehmer
(d) Gefahr durch Substitutionsgüter
(e) Rivalität unter den bestehenden Wettbewerbern

2. Salamitaktik

3. **(a)** Center

4. ... Haut

5. Im Schach ist eine Gabel ein Doppelangriff einer Figur auf zwei oder mehrere gegnerische Figuren oder Felder.

KATEGORIE 2: Sternzeichen: Business Consultant

1. Bulle und Bär

2. Sein Investmentfonds flog als Schneeballsystem auf, das 65 Milliarden Dollar Schaden verursachte. Madoff wurde zu 150 Jahren Haft verurteilt.

3. München mit fünf Unternehmen

4. Berthold Beitz

5. Lösungen:
   (1) Geldmarktfonds
   (2) Festverzinsliche Wertpapiere
   (3) Genussscheine
   (4) Aktienfonds mit europäischen Nebenwerten
   (5) Futures und Optionsscheine

KATEGORIE 3: Arbeitgeber aktuell

1. Hidden Champions

2. Lösungen:
   (1) 2003–dato: Ich liebe es.
   (2) 1998–2003: Every time a good time.
   (3) 1991–1998: McDonald's ist einfach gut!
   (4) 1987–1991: Der Platz, wo Du gern bist, weil man gut isst!
   (5) 1982–1986: Gut, dass es McDonald's gibt.

3. Zielpunkt

4. Beiersdorf

5. Karoshi-Kliniken haben sich auf berufsbezogene Todesfälle spezialisiert und leisten Präventionsarbeit.

KATEGORIE 4: Dienstreisen

1. Im Flussbett lag eine festinstallierte Kette, an der sich die flussaufwärts fahrenden Schiffe mit einer Kettentrommel, die von einer Dampfmaschine betrieben wurde, entlangziehen konnten.

2. 8 kg

3. Sie aßen bei McDonald's

4. Baikonur

5. Pferd, Kuh, Schwein und Gans

KATEGORIE 5: Traumberufe

1. Das Schloss(hotel Velden) am Wörthersee

2. Uli Stielike (1998–2000), Horst Hrubesch (2000)

3. Klempner

4. Pilot

5. Eine Remonstration ist eine Einwendung, die ein Beamter gegen eine Weisung erhebt, die er von seinem Vorgesetzten erhalten hat.

KATZEN WÜRDEN QUIZKAS KAUFEN

KATEGORIE 1: Hinten bei den Gemischtwaren

1. Playmobil
2. Total Gym
3. Philippe Starck
4. 2,20 m
5. Er will, dass Sie es festschrauben, z. B. mit einer Schraube der Firma Spax.

KATEGORIE 2: Das bisschen Haushalt

1. Lösungen:
   (a) Ariel
   (b) Calgonit
   (c) Bauknecht
   (d) Colgate
   (e) Ado
2. Salz
3. Drosophila melanogaster, die Fruchtfliege
4. China
5. Am Wasserhahn

KATEGORIE 3: Weg da, Pfiffi!

1. Lösungen:
   (a) Wilbur Post: Mr. Ed
   (b) Richard Moser: Rex
   (c) Tarzan: Cheetah
   (d) Jon Arbuckle: Garfield (und Odie)
   (e) Gaby Glockner: Oskar

2. Ochse und Esel

3. Kaiman Sammy

4. Silberfische (in meinem Bett)

5. Goldfisch

KATEGORIE 4: Heim und Garten

1. Die richtige Reihenfolge lautet:
   (1) Haselnuss
   (2) Birke
   (3) Linde

2. Das Abperlen von Wasser bzw. die Selbstreinigung von Oberflächen, Namensgeber ist die Lotospflanze.

3. Der duftende Garten ist ein Teil des *Kamasutra*.

4. Cindy aus Marzahn auf die IGA 2017 in Berlin-Marzahn/Hellersdorf
5. »... mein Luftgewehr«

KATEGORIE 5: Hello, Kitty!

1. Grumpycat
2. Gegen ein Protein aus dem Speichel der Katzen
3. Dehydration des Körpers
4. *Batman Returns*, *The Dark Knight Rises*
5. Süß

HERE'S THE SEX QUIZTOLS

KATEGORIE 1: Ich möchte Teil einer Jugendbewegung sein

1. Von der Poppertolle

2. Belieber

3. Den »Club 27« oder »27 Club« bilden die Musiker, die im Alter von 27 Jahren verstarben (z. B. Jimi Hendrix, Kurt Cobain, Janis Joplin, Jim Morrison oder auch Amy Winehouse).

4. Jugend ohne Gott

5. Roller

KATEGORIE 2: Die große Teenie-Party

1. Clearasil

2. Lösungen:
   (1) *Die Leiden des jungen Werther* (1774)
   (2) *Oliver Twist* (1839)
   (3) *Das Dschungelbuch* (1894)
   (4) *Die wunderbare Reise des Nils Holgersson* (1906)
   (5) *Der Fänger im Roggen* (1951)

3. Bis 24 Uhr bzw. von 5 Uhr bis 24 Uhr
4. In einer Schulturnhalle
5. Peter Illmann, Ingolf Lück, Stefanie Tücking, Kai Böcking

KATEGORIE 3: **Knall auf Fall**

1. Kartoffelkanone
2. Carambolage
3. Silvester und Neujahr
4. Von Forstwirtschaft. »Aufschlag« nennt man die nicht-flugfähigen Samen, die unter den betreffenden Bäumen auf den Boden treffen und so neue (»junge«) Bäume erwachsen lassen.
5. Die Peitsche

KATEGORIE 4: **Für immer jung**

1. Kryonik
2. Sprengstoffexperte
3. *Das Bildnis des Dorian Gray*

4. »... Museum«

5. Ein Jungbrunnen

KATEGORIE 5: Pöbel und Gesocks

1. Tartan

2. Fallschirmspringer trugen als Erste Stiefel dieser Art

3. Zitronensaft

4. Hannover

5. Lösungen:
   (a) *Never Mind the Bollocks* – Sex Pistols
   (b) *Punk's Not Dead* – The Exploited
   (c) *London Calling* – The Clash
   (d) *Walk Among Us* – Misfits

QUIZTOPHER STREET DAY

KATEGORIE 1: QUEER

1. Niederlande, 2001
2. Tom of Finland
3. 6: Rot, Orange, Gelb, Grün, Blau, Lila
4. Ein Signalcode mit Taschentüchern, um die sexuellen Vorlieben zu signalisieren
5. Helmut Schmidt

KATEGORIE 2: Stolz und Vorurteil

1. Ein 41-teiliges Kaffee-Service der Firma »Villeroy und Boch«
2. Kinder, die durch künstliche Befruchtung entstanden sind
3. Borat
4. Eva Herman
5. Jamaika

KATEGORIE 3: Randgruppen und Außenseiter

1. Rosa v. Praunheim: Nicht der Homosexuelle ist pervers, sondern die Situation, in der er lebt.

2. Lösungen:
   (a) Bruce Springsteen: The E-Street Band
   (b) Mike Rutherford: The Mechanics
   (c) Marky Mark: The Funky Bunch
   (d) Gladys Knight: The Pips

3. Nordkorea (ca. 0,2 %)

4. Hirte

5. »… Gedöns«

KATEGORIE 4: Protest

1. Oskar Matzerath aus der *Blechtrommel* von Günter Grass

2. Willy Brandt

3. Barfuß zu spielen

4. Darunter wird im Rechtsbereich die Anfechtung einer Entscheidung verstanden, z. B. die Anrufung eines höheren Gerichts.

5. Die »Republik Freies Wendland«, eine Initiative der Anti-Atomkraft-Bewegung auf dem Gelände der Tiefbohrstelle 1004 in der Nähe von Gorleben

KATEGORIE 5: **Alle auf die Straße!**

1. Friede, Freude, Eierkuchen
2. Grün. Am 17. März wird – auch in Chicago – traditionell der St. Patrick's Day gefeiert.
3. Oscar Niemeyer
4. Wenn sie im Stehen verzehrt oder mitgenommen wird, also keine Tische, Hocker oder Besteck in Anspruch genommen werden
5. Ein Defilee ist ein Vorbeimarsch und die Defiliercour ist das festliche, feierliche Vorbeischreiten am jeweiligen Gastgeber.

QUIZTORY CHANNEL

KATEGORIE 1: Ganz was Neues

1. Greenpeace

2. La Ola

3. Lösungen:
   (1) Big Loop (1983)
   (2) Schweizer Bobbahn (1993)
   (3) Limit (1999)
   (4) Colossos (2001)
   (5) Krake (2011)

4. TV-Fernbedienung

5. Helferlein

KATEGORIE 2: Mit Kompass und Echolot

1. Lösungen:
   (a) Hygrometer: Feuchtigkeit
   (b) Anemometer: Windgeschwindigkeit
   (c) Cyanometer: Farbintensität des Himmels
   (d) Sextant: Winkelmessung zwischen einzelnen Landmarken, durch die sich Positionen und Entfernungen bestimmen lassen

2. LZ 129 Hindenburg

3. Afrika

4. Für Michael Endes *Jim Knopf*

5. J. J. Kilroy (der nach einer Inspektion »Kilroy was here« auf den Schiffsrümpfen hinterließ)

KATEGORIE 3: Krieg und Frieden

1. Die Varusschlacht (oder auch Schlacht am Teutoburger Wald oder Hermannsschlacht)

2. Uri Geller

3. Breakdance

4. Woody Allen

5. Mit den Worten: »Im Übrigen bin ich der Meinung, dass Karthago zerstört werden muss.«

KATEGORIE 4: Die Erfindung des Rads

1. Durch den Ansatz des »Lean Production«, der von Toyota ausgehend in viele andere Wirtschaftsbereiche übernommen wurde. Inhalt ist eine stark gesteigerte Effizienz und optimal abgestimmte Produktion ohne überflüssige Tätigkeiten.

2. Ein Fahrrad für drei Personen

3. Das Bobby-Car

4. London

5. Yugo Florida

KATEGORIE 5: Jahrestage

1. Der Oktober. Er hat 31 Tage, aufgrund der Zeitumstellung aber eine Stunde mehr als alle anderen Monate mit 31 Tagen.

2. Die Rede ist vom »Dreipäpstejahr«, in welchem Papst Johannes Paul I. dem verstorbenen Papst Paul VI. auf den Heiligen Stuhl folgte. Er verstarb jedoch bereits 33 Tage nach Amtsantritt, sodass nach einer neuen Wahl Johannes Paul II. zum Papst gewählt wurde.

3. Die Hochzeit von Prinz Charles und Lady Diana

4. MMXV

5. Volksaufstand in der DDR 1953

KALLE BLOMQUIZ

KATEGORIE 1: Meisterdetektive

1. Peter Timotheus Carsten, Karl Vierstein, Willi »Klößchen« Sauerlich und Gaby Glockner

2. Mord im Dunkeln

3. *True Detective*

4. Perseveranz (auch Beharrlichkeit oder Ausdauer) beschreibt im kriminologischen Sinne das Festhalten eines Täters an einem bestimmten Deliktbereich und an einer bestimmten Vorgehensweise bei der Tatausführung.

5. 00 Schneider, Nihil Baxter, Johnny Flash und Dr. Hasenbein

KATEGORIE 2: Vom Öresund nach Lyngby

1. Vom Bargeld. Bereits jetzt ist die Quote der Zahlungen mit Bargeld in Schweden europaweit mit Abstand am niedrigsten.

2. Einheitsstaaten werden nicht föderalistisch in Bundesstaaten oder Bundesländer eingeteilt, sondern bestehen lediglich aus Verwaltungsbezirken.

3. DEET (Diethyltoluamid)

4. Sportwagen (die durch Stockholm rasen, von der Polizei verfolgt und dabei gefilmt werden)

5. Schwedischer Stahl galt früher als besonders hochwertig bzw. massiv und wurde deshalb bevorzugt für den Zellenbau von Gefängnissen verwendet.

KATEGORIE 3: Petzi und seine Freunde

1. Baldrian

2. Pfannkuchen

3. *Frau Holle*

4. Lösungen:
   (a) Fischer: Verleihnix
   (b) Schmied: Automatix
   (c) Barde: Troubadix
   (d) Gattin des Häuptlings: Gutemine

5. Emma

KATEGORIE 4: Lach- und Sachgeschichten

1. Grimms Kinder- und Hausmärchen-Sammlung
2. Lösungen:
   (a) Rot: Fremdsprachige Texte
   (b) Blau: Materialien für den Unterricht
   (c) Orange: Zweisprachige Texte
3. Aus den Teilen: *Das Rheingold*, *Die Walküre*, *Siegfried* und *Götterdämmerung*
4. Ebenezer Scrooge
5. Herr Paschulke

KATEGORIE 5: Köttbullar und Knäckebrot

1. Man kann Waren beanstanden, die man falsch aufgebaut hat, weil die Montageanleitung fehlerhaft war.
2. In der *Muppetshow*. In der deutschen Version war er als dänischer Koch bekannt.
3. Die Fragen im Schwedenrätsel sind in einzelnen Kästchen des Rätsels notiert, dementsprechend kurz und standardisiert und stehen nicht daneben oder darunter.

4. Ich rolle.

5. Tetra Pak

QUIZ DASS DER TOD EUCH SCHEIDET

KATEGORIE 1: Die liebe Familie

1. 184 €

2. Soldaten

3. Lösungen:
- **(1)** Huxtable 7
- **(2)** Winslow 5
- **(3)** Bundy 4
- **(4)** Tetzlaff 3

4. Die Ururgroßeltern

5. Lösungen:
- **(a)** Schröder: Verlader von Wein- oder Bierfässern
- **(b)** Schulz: Schultheiss (Schuldeneintreiber)
- **(c)** Krüger: Gastwirt
- **(d)** Meier: Amtsträger zur Verwaltung des Grundbesitzes/Pächter
- **(e)** Böttcher: Fassmacher

KATEGORIE 2: Lovestorys

1. Lösungen:
   (1) Britney Spears und Jason Alexander (55 Stunden)
   (2) Dieter Bohlen und Verona Feldbusch (4 Wochen)
   (3) Eva Longoria und Tony Parker (3 Jahre)

2. Brigitte Nielsen

3. Der Wikipedia-Gründer schrieb ihren Wikipedia-Artikel um. Status: »Single«

4. Lösungen:
   (a) Brooklyn Joseph, Romeo und Cruz: David und Victoria Beckham
   (b) Jaden und Jade: Gerald und Linda Asamoah
   (c) Johan Riley Fyodor Taiwo Samuel und Henry Günther Ademola Dashtu Samuel: Heidi Klum und Seal
   (d) Lourdes Maria und Rocco John: Madonna
   (e) Wilson Gonzales, Jimi Blue und Cheyenne Savannah: Uwe und Natascha Ochsenknecht

5. Montague und Capulet

KATEGORIE 3: Ein toller Spaß für Groß und Klein

1. Essen, Schlafen, Trinken, Zuneigung
2. Um den »goldenen Werner«
3. Spanien
4. Lösungen:
   Hodenhagen: Serengeti-Park
   Rust: Europa-Park
   Brühl: Phantasialand
   Sierksdorf: Hansa-Park
5. Die Bee Gees

KATEGORIE 4: Ein Bund fürs Leben

1. Er machte aus Wasser Wein.
2. Düsseldorfer Tabelle
3. Der Reis steht für den Wunsch nach einer fruchtbaren und kinderreichen Ehe.
4. Masel tov
5. Frank Sinatra

KATEGORIE 5: Und da kommt schon der Herzblatt-Hubschrauber!

1. Rudi Carrell, Rainhard Fendrich, Hera Lind, Christian Clerici, Pierre Geisensetter, Jörg Pilawa und Alexander Mazza

2. Der Assistent von *Flitterabend*-Moderator Michael Schanze

3. Weil die Zeremonie in den Niederlanden vorgenommen wurde

4. Sabine Christiansen

5. Seelmann-Eggebrecht ist Journalist und berichtet von allen royalen Großereignissen für die ARD. Es handelt sich also wahrscheinlich um eine Hochzeit von Mitgliedern europäischer Königshäuser.

JESUS QUIZT SUPERSTAR

KATEGORIE 1: Ich glaub's ja nicht!

1. Jesus Christus Erlöser
2. Indonesien
3. Am Berg Ararat in der heutigen Türkei
4. Buddhismus
5. Voodoo

KATEGORIE 2: Ein Engel auf Erden

1. Romy Schneider
2. PCP
3. Lucy, Sandy, Jessica, Vanessa und Nadja
4. Capelli d'angelo
5. *Der Himmel über Berlin*

KATEGORIE 3: Der liebe Gott privat

1. Lösungen:
   (1) Das Licht 1. Tag
   (2) Land und Meer 3. Tag
   (3) Sonne, Mond und Sterne 4. Tag
   (4) Die Vögel des Himmels 5. Tag
   (5) Den Menschen 6. Tag

2. Hermes Europe

3. Durch einen brennenden Busch

4. Zypern

5. Theodor Heuss

KATEGORIE 4: Quizty Himmelfahrt

1. Von unten nach oben sind dies:
   (1) Troposphäre
   (2) Stratosphäre
   (3) Mesosphäre
   (4) Thermosphäre
   (5) Exosphäre

2. Nach dem Kirchenjahr sind dies:
   (1) Advent
   (2) Pfingsten
   (3) Fronleichnam

(4) Erntedankfest
(5) Allerheiligen
(6) Buß- und Bettag

3. Der Karlspreis

4. Martin Walser

5. Augsburg, weil dort am 8. August auch noch das Augsburger Hohe Friedensfest gefeiert wird

KATEGORIE 5: Von Häschen und Eiern

1. Jefferson Airplane

2. Er ist vorlaut und ängstlich.

3. Am Palmsonntag wird des Einzugs Jesu Christi in Jerusalem gedacht. Das Volk jubelte ihm zu und verstreute Palmzweige zu Ehren Jesu. Aufgrund der Sinnbildlichkeit des Palmzweigs als heilige Pflanze und Pflanze des Siegs, des Lebens, der Unabhängigkeit und des Königtums stellte sie eine besondere Provokation für die Römer dar.

4. Die Überraschungsei-Börse

5. Fabergé-Eier

QUIZ DE BURGH

KATEGORIE 1: Pauke und Trompete

1. Aus der Orgel erklingt bis zum Jahr 2640 John Cages Orgelstück *Organ²/ASLSP* mit der Tempovorschrift »as slow as possible«, das längste Musikstück der Welt.

2. Das Theremin

3. Zu den Xylophonen

4. Das Gamelan

5. George Harrison

KATEGORIE 2: »Die große Schlagerrallye«

1. Lösungen:
   (a) Gerhard Höllerich: Roy Black
   (b) Gerd Günther Grabowski : GG Anderson
   (c) Jelena Petrowna Fischer: Helene Fischer
   (d) Michael Skowronek: Michael Wendler
   (e) Ronald Keiler: Roland Kaiser

2. Südafrika

3. Im Ruhrgebiet. Es handelt von griechischen Gastarbeitern und ihrer Sehnsucht nach der Heimat.

4. Die Autogrammadresse der Interpreten

5. Der Komponist des Songs

KATEGORIE 3: Fo quizzle my nizzle

1. Einen komplett besprühten Wagen eines Zuges

2. 187: Polizeicode für Mord; 5-0: Polizei; 0711: HipHop-Label aus Stuttgart; 1210er: Plattenspielermodell der Firma Technics

3. Beatstreet

4. Lösungen:
   (1) Berlin
   (2) L.A.
   (3) Hamburg
   (4) New York

5. Marcel Marceau

KATEGORIE 4: Stars auf Abwegen

1. Hannes Wader

2. Gunter Gabriel

3. Weil »HELP« eine Initiative der Scientology Kirche ist

4. Im ZDF-Fernsehgarten

5. Betty-Ford-Klinik für Drogen- und Alkoholentzug

KATEGORIE 5: Stereofonie

1. Im Gegensatz zu den nachfolgenden Ausgaben bestand die erste *Bravo*-Hits nicht aus einer Doppel-CD.

2. Ludwig van Beethoven – *Neunte Sinfonie*

3. »Magisches Auge« wurde früher die »Abstimmanzeigerröhre« von Radios oder Fernsehgeräten genannt, die durch grünes Licht die Stärke des Signals anzeigte.

4. Sie streiten über die ideale Form von Konzertsälen.

5. Durch den Verkauf seiner Kopfhörermarke »Beats by Dr. Dre« an Apple

ENDSTATION QUIZTANBUL

KATEGORIE 1: Shuttlebus zum Bosporus

1. Abi
2. Armenien, Aserbaidschan, Bulgarien, Georgien, Griechenland, Syrien, Irak, Iran
3. Tofaş
4. Haftbefehl
5. verboten und erlaubt

KATEGORIE 2: Auf dem Balkan

1. Dubrovnik, Rijeka, Maribor
2. Die Brücke (über die Drina)
3. Bifteki (Pljeskavica) und Souvlaki (Raznjici)
4. Die Sonne
5. Die Krawatte

KATEGORIE 3: Alpentraum

1. Davos und St. Moritz
2. Piz Buin
3. Die Streif
4. Unter »Snowfarming«, dem Anbau von Schnee, versteht man das maschinelle Vorfabrizieren von Schnee für die kommende Wintersaison.
5. Piz Palü

KATEGORIE 4: Reisen im Weltall

1. Perry Rhodan
2. Darmstadt
3. Buzz Aldrin
4. Mit seiner Schwester Anneliese und dem Maikäfer Sumsemann
5. Orson Welles

KATEGORIE 5: Autobahnausfahrten zwischen Paderborn und Bünde (Westfalen)

1. Der siebte Sinn

2. Mike Krüger

3. HL für Lübeck, HH für Hamburg, HB für Bremen, HRO für Rostock, HWI für Wismar, HGR für Greifswald, HST für Stralsund

4. Im Landkreis Leer in Ostfriesland

5. Warschauer Allee

QUIZTIANO RONALDO

KATEGORIE 1: 1:0 für den Herrn im weißen Jersey

1. Eintracht Braunschweig
2. Adidas
3. Pink
4. 23
5. Vom niederländischen Königshaus der Oranier

KATEGORIE 2: Gold für Deutschland

1. Armin Hary war Leichtathlet und holte im 100-m-Sprint 1960 olympisches Gold.
2. Rudi Cerne
3. Die Kanutin Birgit Fischer. Sie gewann zwischen 1980 und 2004 achtmal Gold und viermal Silber.
4. 1936 in Garmisch-Partenkirchen

5. Lösungen:
   (a) Olympia 1996 (Atlanta), Diskuswerfen der Männer, Lars Riedel
   (b) Olympia 2010 (Vancouver), Ski Alpin, Slalom der Frauen, Maria Riesch
   (c) Olympia 1994 (Lillehammer), Ski Alpin, Riesen-Slalom der Männer, Markus Wasmeier
   (d) Olympia 1992 (Barcelona), Hochsprung der Frauen, Heike Henkel

KATEGORIE 3: **Toni, halt den Ball!**

1. Bei zu starkem Wind darf ein dritter Spieler den Ball festhalten.

2. Ein Ritter

3. 2

4. Lösungen:
   (1) Brasilien–Uruguay, 1950 (200 000)
   (2) Deutschland–Argentinien, 1986 (114 600)
   (3) Brasilien–Italien, 1994 (94 000)
   (4) Spanien–Holland, 2010 (84 000)
   (5) Deutschland–Brasilien, 2002 (69 000)

5. Die *Wetten, dass ..?*-Moderation. Sein Satz lautete: »Dann soll er doch Samstagabend-Unterhaltung machen, dann soll er doch zu *Wetten, dass ..?* gehen und den Gottschalk ablösen.«

KATEGORIE 4: Olympia

1. Golf
2. Rodeln, Eiskunstlauf und Biathlon
3. London, Athen, Barcelona, Moskau, Rom
4. Lausanne
5. Degenfechten, Schwimmen, Springreiten, Pistolenschießen und Querfeldeinlauf

KATEGORIE 5: Ich dachte, du läufst

1. Als Sucher bzw. Seeker
2. Er steht am Start, seine Frau am Ziel; beim 74. Versuch bricht der Hase erschöpft zusammen und stirbt.
3. Asics, aus dem lateinischen Satz »**A**nima **s**ana **i**n **c**orpore **s**ano«
4. Emil Zatopek
5. Spielzug aus dem Handball

QUIZ, WE CAN!

KATEGORIE 1: Regierungsverantwortung

1. FDP
2. Das Bundesministerium für wirtschaftliche Zusammenarbeit und Entwicklung
3. Turnschuhe. Diese trug Joschka Fischer 1985 bei seiner Vereidigung zum Umweltminister
4. Die Einführung der Mehrwertsteuer
5. Der Bundesratsvorsitzende, also die jeweilige Ministerpräsidentin oder der Ministerpräsident des Landes, das den Vorsitz im Bundesrat hat

KATEGORIE 2: Bitte hier ankreuzen!

1. Panaschieren (frz. farbig machen, mischen)
2. Gerhard Schröder und Edmund Stoiber
3. Johannes Rau trat 1999 gegen Uta Ranke-Heinemann an, die Tante seiner Frau Christina Delius, die wiederum Tochter des früheren Bundespräsidenten Gustav Heinemann ist.

4. Sechs Mal: 1976, 1983, 1987, 1990, 1994 und 1998

5. Die Wahl ist eindeutig und wäre damit gültig.

KATEGORIE 3: Hallo, Moskau, hier Washington!

1. Michail Gorbatschow

2. Kniefall von Willy Brandt

3. Eine politische Theorie, nach der zur Erlangung oder Erhaltung politischer Macht unabhängig von Recht und Moral alles erlaubt ist.

4. Südkorea, Taiwan, Singapur und Hongkong

5. Die Arabische Liga

KATEGORIE 4: Politiker in der heimischen Parzelle

1. Lösungen:
   (1) Historische Währungsunion zwischen Wirtschaft und Politik: die Lateinische Münzunion 1865–1927 (Silvana Koch-Mehrin)

(2) Prozessorganisation und Prozesskooperation in der öffentlichen Verwaltung – Folgen für die Personalentwicklung (Bernd Althusmann)
(3) Regulierung im Mobilfunk (Veronika Sass)
(4) Verfassung und Verfassungsvertrag – Konstitutionelle Entwicklungsstufen in den USA und der EU (Karl-Theodor zu Guttenberg)

2. Gerhard Schröder

3. Mit der Eröffnung eines Restaurants auf Mallorca

4. Alle

5. Es handelt sich um die Hunde der Präsidenten:
(a) Barney: George W. Bush
(b) Bo: Barack Obama
(c) Buddy: Bill Clinton

KATEGORIE 5: Andere Länder, andere Sitten

1. Lega Nord

2. 40 % der Radiomusik muss französischsprachig sein.

3. Belgien

4. Landeshauptmänner

5. Partei Einiges Russland

SEX AND THE QUIZZY

KATEGORIE 1: Mach dir Fernsehen an!

1. Carrie Bradshaw, Samantha Jones, Charlotte York-Goldenblatt, Miranda Hobbes

2. Procter & Gamble

3. Lösungen:
   (a) »Ohne dich wären die Gefühle von heute nur die leere Hülle der Gefühle von damals.« *(Die fabelhafte Welt der Amélie)*
   (b) »Ich habe eine Wassermelone getragen.« *(Dirty Dancing)*
   (c) »Sie versuchen doch jetzt, mich zu verführen, nicht wahr?« *(Die Reifeprüfung)*
   (d) »Rhett, wenn du fortgehst, was soll ich dann anfangen?« – »Offen gesagt ist mir das gleichgültig.« *(Vom Winde verweht)*
   (e) »Mutter, ich brauche kein Blind Date. Besonders nicht mit einer verbal inkontinenten alten Jungfer, die raucht wie 'n Schlot, säuft wie 'n Loch und sich anzieht wie ihre Mutter.« *(Bridget Jones – Schokolade zum Frühstück)*

4. *Mein cooler Onkel Charlie*

5. *Marienhof*

KATEGORIE 2: Mit Schleifchen und Tutu

1. Sex
2. Thusnelda war die Frau des Cheruskerfürsten Arminius. Ihr Name wurde zum Inbegriff für nervige Ehefrauen und weibliche Dienstboten. Daraus entstanden die Tusnelda, das Kosewort Tusschen und schließlich die Tussi als Schimpfwort für Frauen bzw. mehr noch als Klischee eines oberflächlichen, eitlen Dummchens.
3. Burkini
4. Rote Fliege
5. Wolfgang Joop

KATEGORIE 3: Beauty and the Beast

1. Ministerin für Volksbildung
2. Anthony Kiedis (Red Hot Chili Peppers)
3. Das Weibchen verspeist das Männchen
4. MacGyver
5. Tonya Harding

KATEGORIE 4: Pink

1. Antwort: Durch die Nahrung – vornehmlich in Form von Krebsen – nehmen Flamingos Karotin auf, das ihr Gefieder färbt.

2. Durch ihre Verhaftung am 1. Dezember 1955 in Montgomery, Alabama, weil sie sich geweigert hatte, im Bus einem weißen Fahrgast den Platz frei zu machen.

3. Der Motocrossfahrer Carey Hart

4. Barbie

5. »... die Bewegung ist alles.«

KATEGORIE 5: Alle in den Pool!

1. Infinity Edge oder Infinity Pool

2. 13 m

3. Albatros

4. Die Bräunungsdusche bzw. Spray-Tan

5. Um einen Ganzkörperschwimmanzug, der eine Zeitersparnis von bis zu 0,5 Sekunden pro 50 m versprach. Der Weltschwimmverband verbot den Einsatz des LZR Racer allerdings im Jahr 2010.

QUIZKY SOUR

KATEGORIE 1: Im Saftladen

1. 100 %

2. Bück-, Greif-, Sicht-, Reckzone

3. Denn's Biomarkt mit über 100 Filialen

4. Muhammad Ali

5. Der Begriff »Saftruhe« bezeichnet die Zeit, in der der Stoffwechsel eines Baumes »ruht«, also im Winter.

KATEGORIE 2: Kneipenterroristen

1. Die Herstellung mit Hefe, die entweder oben oder unten im Biersud schwimmt

2. Spielautomaten

3. Lösungen:
   (a) Roxy: Iris Berben
   (b) Parallelwelt: Tine Wittler
   (c) Viper Room: Johny Depp
   (d) Bar Raval: Daniel Brühl
   (e) Buster Pasta: Dolly Buster

4. Das Einatmen von Nikotin- und Teerrückständen aus z. B. Polstern, Haaren und Teppichen

5. Drei

KATEGORIE 3: Stößchen!

1. Eine Artischocke

2. Berentzen

3. White Russian

4. Lösungen:
   (a) Coca-Cola: Georgia
   (b) Starbucks: Washington
   (c) Dr. Pepper: Texas

5. Himbeersirup und Wasser

KATEGORIE 4: Ein Glas Milch, bitte!

1. Lösungen:
   (1) Schmand (20–29 %)
   (2) Creme fraiche (30–40 %)
   (3) Mascarpone (70–80 %)
   (4) Butterschmalz (99,5 %)

2. Pasteurisieren bedeutet Milch oder Fruchtsäfte 15 bis 20 Sekunden lang auf bis zu 100 Grad zu erhitzen, um Mikroorganismen abzutöten. Lebensmittel werden dadurch länger haltbar.

3. Für Kinderriegel

4. Von dem amerikanischen Bürgerrechtler der Schwulen- und Lesbenbewegung Harvey Milk, gespielt von Sean Penn

5. Sonnenmilch

KATEGORIE 5: Haben wir gelacht!

1. Moorhuhn

2. Sagt der Wirt: »Der geht aufs Haus.«

3. Zum blauen Bock

4. »Kreuzberger Nächte sind lang«

5. Mit einem Trikot, das aussieht wie ein Glas Bier.

QUIZTAN UND ISOLDE

KATEGORIE 1: Jetzt noch mal mit Blitz!

1. Paparazzo
2. Konrad Adenauer, gemalt von Jürgen Kallmann
3. An der dritten Stelle bzw. als dritter von rechts
4. ... verkürzen
5. Den Kopfstoß von Zinedine Zidane gegen Marco Materazzi im Finale der Fußball-WM 2006 in Deutschland

KATEGORIE 2: Vorhang auf!

1. Candida Höfer
2. Lösungen:
   (a) Hair
   (b) We Will Rock You
   (c) Mamma Mia
   (d) Grease
3. Nonett
4. Hansi
5. Tony Montana (»Scarface«)

KATEGORIE 3: Tolles Buch (nie gelesen)

1. Herta Müller (2009), Günter Grass (1999), Heinrich Böll (1972)

2. Der nachdenkliche, ruhige Dachs

3. Zum Mittelpunkt der Erde. (Im gleichnamigen Roman von Jules Verne)

4. Hans Christian Andersen

5. Lösungen:
   ... *der Stein der Weisen* (1. Band)
   ... *die Kammer des Schreckens* (2. Band)
   ... *der Gefangene von Askaban* (3. Band)
   ... *der Orden des Phönix* (5. Band)

KATEGORIE 4: Beruf: Künstler

1. Der Instrumentenbauer, da es sich hierbei um ein Handwerk handelt

2. Um die »Fettecke«

3. Andy Kaufman

4. Gesang

5. Ein aufgespannter Regenschirm

KATEGORIE 5: Bitte Abstand halten!

1. Eine Sammlung alter Steinskulpturen und geschnittener Steine
2. Schlüsselmuseum.
3. Der Nachlass von Heinrich Böll
4. Rocky Balboa. Auf der Treppe des Museums wurde eine der bekanntesten Szenen aus den Rocky-Filmen gedreht.
5. Im Museum für Naturkunde in Berlin

QUIZ GERMANY

KATEGORIE 1: Stadt, Land, Fluss

1. Leipzig
2. Düsseldorf
3. Altona
4. Sie wurden Weltnaturerbe
5. Das Bundesverfassungsgericht in Karlsruhe

KATEGORIE 2: Saarländische Grünkohlkönigin

1. Lena Gercke
2. Checkers
3. Keine Nacktaufnahmen, unverheiratet und keine Kinder
4. Brigitte
5. Paris, Mailand, New York, London, Berlin

KATEGORIE 3: Deutschland, deine …

1. Sachsen-Anhalt, Schleswig-Holstein, Thüringen

2. Lösungen:
   (a) RBB: Fritz
   (b) MDR: Sputnik
   (c) WDR: 1Live
   (d) Radio Bremen: Bremen Vier
   (e) NDR: N-Joy

3. Heide Simonis 1993 in Schleswig-Holstein

4. Chemie (29 Mal)

5. Besserwessi

KATEGORIE 4: Deutschland und die Welt

1. Lösungen:
   (a) Laibach: Ljubljana
   (b) Agram: Zagreb
   (c) Preßburg: Bratislava
   (d) Lemberg: Lviv

2. Gerhard Richters *Domplatz Mailand* wurde für 37,1 Millionen im Mai 2013 verkauft.

3. 2 %

4. Ernst Thälmann

5. »schnackseln« bzw. »schnackselt«

KATEGORIE 5: Sie sprechen Deutsch?

1. Das Deutsche Wörterbuch

2. Lösungen:

(1)	Chinesisch	982 Mio.
(2)	Englisch	375 Mio.
(3)	Spanisch	330 Mio.
(4)	Hindi/Urdu	242 Mio.
(5)	Arabisch	221 Mio.

3. Im menschlichen Gehirn

4. Ich hatte geschrieben gehabt.

5. Lösungen:

(1)	wir	Personalpronomen
(2)	dieser	Demonstrativpronomen
(3)	mich	Reflexivpronomen
(4)	euer	Possessivpronomen
(5)	wessen?	Interrogativpronomen

HOW MUCH IS THE QUIZ?

KATEGORIE 1: Blühende Landschaften

1. Mit der »O«

2. Elf Aquitaine

3. Der SED-Politiker Günter Schabowski, der am Abend des 9. November 1989 auf einer Pressekonferenz die neue großzügige Reiseregelung für DDR-Bürger ins westliche Ausland verlas. Der Satz fiel als Antwort auf eine Reporterfrage. Nachdem die Medien die Mitteilung verbreiteten, kam es zum Massenansturm auf die Grenzübergänge und schließlich zum Fall der Berliner Mauer.

4. Sie waren allesamt seit 1990 Ministerpräsidenten von Mecklenburg-Vorpommern.

5. Stalinstadt wurde (gemeinsam mit Fürstenberg/Oder) zu Eisenhüttenstadt und Karl-Marx-Stadt erhielt 1990 seinen alten Namen Chemnitz zurück.

KATEGORIE 2: Ich glotz TV

1. Edwin und Biggy

2. Percy Hoven

3. Für die »T-Aktie« der Telekom

4. »Lampenfieber weg, der Puls geht ganz normal ...«

5. *Bitte melde dich!*

KATEGORIE 3: Eines Tages in den Neunzigern

1. Ein Bild von ihren Söhnen und einen Rosenkranz (geschenkt von Mutter Teresa)

2. Im Kosovo

3. In jedem Klassenzimmer sei ein Kruzifix anzubringen.

4. John McEnroe

5. Mit der Entführung von Jan Philipp Reemtsma in Hamburg

KATEGORIE 4: Musik der Neunziger

1. *Made in Heaven*

2. »Eurodance« oder schlicht »Dancefloor«.

3. Boybands. Pearlman formte unter anderem die Gruppen N*SYNC, US5 und die Backstreet Boys.

4. Lösungen:
   (1) Roger Waters *The Wall*-Konzert mit über 200 000 Zuschauern in Berlin (1990)
   (2) In Berlin öffnet der Techno-Club »Tresor« (1991).
   (3) Selbstmord Kurt Cobains (1994)
   (4) Los Del Rio stehen mit Macarena über Wochen auf Platz 1 der deutschen Charts (1996).
   (5) Michael Jackson wird Vater des kleinen Michael Joseph Jackson jr., genannt »Prince Michael« (1997).
   (6) Gründung der Musiktauschbörse Napster (1999)

5. Chefdirigent der Berliner Philharmoniker

KATEGORIE 5: Jetzt auch online

1. »Michelangelo«

2. Der Empfang der ersten E-Mail in Deutschland

3. Es war ursprünglich der Name von Dosenfleisch (»Spiced Ham«).

4. Lösungen:

- **(a)** FTW – For the win
- **(b)** IMHO – In my humble opinion – (meiner bescheidenen Meinung nach)
- **(c)** ROFL – Rolling on the floor laughing
- **(d)** YOLO – You only live once
- **(e)** XOXO – Hugs and Kisses

5. Boris Becker für AOL

QUIZ ILLU

KATEGORIE 1: Skandalös!

1. Lösungen:
   (a) Barschel-Affäre
   (b) Fußball-Wettskandal
   (c) Contergan-Skandal

2. Sie muss an gleicher Stelle wie die Veröffentlichung abgedruckt werden, Schrift und Größe müssen dieselbe sein, es muss auf die ursprüngliche Tatsachenbehauptung Bezug genommen werden und mit den Worten »Hierzu stelle ich fest …« beginnen.

3. Die Plagiatsaffäre um Karl-Theodor zu Guttenberg

4. Ein blaues Kleid von Monica Lewinsky mit Spermaflecken von Bill Clinton

5. Der Pferdefleischskandal aus dem Jahr 2013. In Proben der von IKEA verkauften Fleischbällchen »Köttbullar« wurde dieses entdeckt.

KATEGORIE 2: Bunt auf Weiß

1. Um die Ecke gedacht

2. Hans Esser. Seine Erlebnisse veröffentlichte er in dem Buch *Der Aufmacher. Der Mann, der bei ›Bild‹ Hans Esser war.*

3. *Spiegel*-Online

4. Als »Schusterjungen« bezeichnet der Setzer den Sachverhalt, wenn eine Seite oder Spalte nach der ersten Zeile eines neuen Absatzes umbrochen wird und diese allein am Ende der Seite oder Spalte steht.

5. Boulevardzeitungen wurden in ihren Anfangsjahren nur auf der Straße verkauft und konnten nicht abonniert werden.

KATEGORIE 3: Liebe, Sex und Zärtlichkeit

1. Joseph Ratzinger

2. Spanische Fliege

3. G-Punkt

4. Günter Amendt

5. Die Achselhöhle

KATEGORIE 4: Promis auf Irrwegen

1. Durch den Diebstahl einer Kombizange im Baumarkt
2. Uli Hoeneß' Verurteilung zur Haftstrafe
3. Senta Berger, Margarethe Schreinemakers und Mario Barth
4. »Warum nicht mal ein Neger?«
5. Lösungen:
   (1) Dieter Bohlen (2 Ehen)
   (2) Franz Beckenbauer (3 Ehen)
   (3) Gerhard Schröder (4 Ehen)
   (4) Joschka Fischer (5 Ehen)

KATEGORIE 5: 0190 666 666

1. Lösungen:
   (a) +33 (Frankreich)
   (b) +44 (UK)
   (c) +55 (Brasilien)
2. 555
3. Robinsonlisten sind Schutzlisten mit Kontaktdaten von Personen, die keine unaufgeforderte Werbung erhalten wollen. Sie dienen dem Verbraucherschutz vor unerwünschter Werbung.

4. Weil die Gabelschaltung für die »Rückhördämpfung« sorgt, ohne die man im Gespräch auch seine eigene Stimme stets aus dem Telefon hören würde.

5. In der Schweiz. Natel ist eine eingetragene Marke der Firma Swisscom und entstammt der Abkürzung für »Nationales Autotelefonnetz«. Über die Zeit wurde der Begriff zum landesweiten Synonym für Mobiltelefone.

QUIZ TAYLOR

KATEGORIE 1: Übernext Stop Hollywood

1. Kodak Theatre

2. Kylie Minogue, Jason Donovan und Natalie Imbruglia

3. Die aufwendigen Choreographien mit einer großen Anzahl an Tänzerinnen, die im Bild komplexe geometrische Formen bilden

4. (a) *Inglorious Basterds*
   (b) Django Unchained
   (c) *Die drei Musketiere*
   (d) *The Green Hornet*
   (e) *Hollywoodland*

KATEGORIE 2: Schöne Haare

1. Melanin

2. *Taxi Driver*

3. Agassi trägt eine Perücke

4. Struwwelpeter

5. Den »Vokuhila«

KATEGORIE 3: Klassiker

1. Billy Wilder

2. *Emmanuelle*

3. *Forrest Gump*

4. Detective Nordberg

5. Pat und Patachon

KATEGORIE 4: Abseits der Kamera

1. Hugh Grant

2. Lösungen:
   (a) Oberbeleuchter
   (b) Kamerabühnenmann
   (c) Regisseur der zweiten Einheit (die parallel zu den Aufnahmen weiteres Material aufnimmt)

3. Sie boten an, Klaus Kinski, der ständig in Wutausbrüche verfiel, zu töten.

4. Clint Eastwood

5. Wegen ihres bayrischen Akzents, der nicht zu der von ihr dargestellten Indianerin passte, wurde ihre Stimme von einer anderen Schauspielerin nachsynchronisiert.

KATEGORIE 5: Ladies

1. Sein Abschlag ist so kurz, das er nicht weiter rollt als der Ort des Damenabschlags, der einige Meter vor dem Herrenabschlag liegt.

2. Lösungen:
   (a) Argentinien
   (b) Österreich
   (c) Jordanien
   (d) Israel

3. Paul Anka

4. Sie sind Transgender, also biologisch männlich, mit femininen Eigenschaften

5. Hochzeit

QUIZTAL METH

KATEGORIE 1: Rauschmittel

1. 1991 (in Berlin)
2. William S. Borroughs
3. Superfly
4. Harald Juhnke
5. Opium

KATEGORIE 2: Es wird geraucht, was auf den Tisch kommt!

1. Seit 1974
2. Ein Anteil von 8 % an Marihuana
3. Reyno
4. Cheech und Chong
5. Zigarettenpapier der Marke OCB

KATEGORIE 3: Glücksspiel

1. Lösungen:
   (a) Pik: König David
   (b) Kreuz: Alexander der Große
   (c) Herz: Karl der Große
   (d) Karo: Julius Cäsar

2. Das Residenzverbot regelte, dass ein Bürger Casinos nur außerhalb seines Wohnsitzes bzw. nicht im Umkreis von 5 km besuchen durfte. Es diente als ein Mittel, um Glücksspielsucht vorzubeugen. In Deutschland wurde das Residenzverbot in den achtziger Jahren aufgehoben.

3. Cincinnati Kid

4. 5 %

5. Lösungen:
   (1) Four of a kind: 0,02 %
   (2) Full House: 0,14 %
   (3) Flush: 0,20 %
   (4) Straße: 0,39 %

KATEGORIE 4: Folterinstrumente

1. Joseph Ratzinger

2. *Sesamstraße*

3. Die sich durch den Stoff abzeichnenden weiblichen Genitalien

4. Durch eine Schall-Attacke auf gegnerische Fans

5. Durch (simulierte) Stromschocks, die eine Gruppe von Probanden einer anderen Gruppe von Probanden als Strafe versetzen sollten.

KATEGORIE 5: Willkommen im Labor

1. Los Pollos Hermanos

2. Lösungen:
   (a) C: Kohlenstoff
   (b) N: Stickstoff
   (c) P: Phosphor
   (d) Ni: Nickel
   (e) Ag: Silber

3. Den Erlenmeyer-Kolben, ein Glasgefäß mit nach oben hin enger werdendem Hals

4. Zur Reinigung verstopfter Abflüsse

5. »Russisch« bedeutet im Laborjargon, ein Verfahren provisorisch oder improvisierend ohne Rezeptur mit ungefähren Mengenverhältnissen durchzuführen.

NIGHTMARE BEFORE QUIZMAS

KATEGORIE 1: Armageddon

1. Ein Berg

2. Wagners Walkürenritt

3. Mögliche Szenarien sind:
   (a) Vulkanausbrüche der Stärke 6 oder 7
   (b) Ein Einschlag eines Kometen
   (c) Eine Bahnstörung durch einen anderen Himmelskörper
   (d) Eine Supernova
   (e) Ein Gammablitz
   (f) Ein schwarzes Loch
   (g) Die Sonne wird zu einem roten Riesen.

4. Martin Luther

5. Mexiko

KATEGORIE 2: Weihnachten international

1. Weihnachtslotterie-Ziehung im TV

2. Der Schwarze Peter bzw. der Zwarte Piet

3. Himmelpforten

4. Väterchen Frost

5. Boxing Day

KATEGORIE 3: **Frohes Fest!**

1. Trinitatis

2. Staubsauger (Mutter), Krawatten (Vater), Plattenspieler (Großvater) und Atomkraftwerk-Baukasten (Dicki)

3. Kaiser Augustus. Statthalter Quirinius, Josef aus Nazareth

4. Jauchzet! Frohlocket!

5. Misteln

KATEGORIE 4: **Süßes oder Saures**

1. Hans Riegel Bonn

2. Zuckerwatte

3. Aachener Printen

4. Weihnachtsbäckerei; Leckerei; Mehl; Milch; Knilch, Kleckerei

5. *Kevin – Allein zu Haus* und *Kevin – Allein in New York*

KATEGORIE 5: Geschenke

1. 36 bis 44, je nach Rasse

2. Tito

3. Ein Danaergeschenk ist ein Geschenk, das sich für den Beschenkten als unheilvoll erweist. Der Begriff leitet sich von den Danaern ab, die mit Hilfe des Trojanischen Pferds die Stadt Troja eroberten.

4. Eine Präsentkorb mit echtem Schwarzwälder Schinken und eine Kuckucksuhr

5. Akkubohrer

althaus

Die Autorin

Wanda Eule, geboren ca. 1950, ist nach langjähriger Tätigkeit als Waldohreneule und Weisheitssymbol für diverse Bildungseinrichtungen seit 2011 Schirmherrin des Internationalen Aalhaus-Kneipenquiz, das sie auch als stets gut präparierter Hauptpreis begleitet.

Die Co-Autoren

Darren Grundorf, geboren 1981, und Tom Zimmermann, geboren 1982, sind die persönlichen Referenten von Wanda Eule und moderieren seit 2011 das Internationale Aalhaus Kneipenquiz in Hamburg.
www.daskneipenquiz.de